Das Hirschgraben Sprachbuch

Realschule Bayern

5. Schuljahr

Arbeitsheft

Erarbeitet von:
Gertraud Bildl, Höchberg
Hans Dieter Borowczyk, Marktoberdorf
Leonore Rahnhöfer, Zirndorf
Karl-Hans Reichl, Weiden
Sylvia Wüst, Landshut

Cornelsen

Erarbeitet auf der Grundlage der Ausgabe von:
Jürgen Arnet, Ursula Burkhardt,
Günter Haardt, Rafael Luwisch,
Gisela Reuschling, Marianne Steigner,
Gudrun Wietusch, Georg Zilliken

Text- und Bildquellen

S. 8 Aus: Einhundert Fabeln. Von der Antike bis zur Gegenwart. Hamburger Lesehefte, Husum o. J., S. 170
S. 11 f. Aus: Dagmar Chidolue: Anton Pochatz, Klassenclown. Cecilie Dressler Verlag, Hamburg 1980, S. 11 f.
S. 19 ff. Übungstexte nach: Dr. Erich Übelacker: WAS IST WAS. Die Sonne. Tessloff Verlag, Nürnberg 1984, S. 4 ff.
S. 23 Ebenda, S. 16 ff.
S. 74 Günther Canzler. Aus: Humoritaten. Nebelspalter Verlag, Rorschach/Schweiz

Fachredaktion: Gisela Streufert
Illustration: Konrad Golz
Technische Umsetzung: Brigitte Hennig

Cornelsen online http://www.cornelsen.de

1. Auflage € Druck 5 4 3 2 Jahr 05 04 03 02

Druck: CS-Druck Cornelsen Stürtz, Berlin

ISBN 3-464-60629-5

Bestellnummer 606295

Gedruckt auf Recyclingpapier, hergestellt aus 100 % Altpapier.

Inhalt

Sprechen und schreiben

Das muss ich dir erzählen!

„Zwei Buben gingen zur Ruine. Sie gingen hinein. Sie gingen den Gang entlang …“

1. Suche passende Verben (Zeitwörter) und Adjektive (Eigenschaftswörter) für die Bildergeschichte auf Seite 5!

   a) Verben oder Wortgruppen für

   langsam gehen: *schlendern*

   leise sprechen: *flüstern*

   sehen: *erkennen*

   hören: *(einen Laut) vernehmen*

   b) Adjektive oder Wortgruppen für

   unheimlich: *Furcht erregend*

   ängstlich: *zögerlich*

   spannend: *aufregend*

2. Erzähle, was die beiden Jungen auf den Bildern erleben. Verwende Verben und Adjektive aus Aufgabe 1!

   a) Einleitung (Bild 1: Wer? Wann? Wo?)

   ___

   ___

   ___

   b) Hauptteil (Bild 2–4: Wo sind die Jungen jetzt? Schreibe, was der Reihe nach geschieht, wie sie sich bewegen, was sie fühlen und was sie sagen.)

   ___

   ___

   ___

   ___

   ___

   ___

c) Höhepunkt (Bild 5: eine spannende Entdeckung)

d) Schluss (ein abschließender Satz)

e) Überschrift: Welche Überschrift willst du deiner Erzählung geben?

3. a) Setze die Verben (Zeitwörter) ins Präteritum (in die Vergangenheit)!

Es passiert am Montag. *Es passierte am Montag.*

Sie erinnern sich genau.

Ein Vogel krächzt laut.

Die Lampe leuchtet hell.

b) Hier ist die Bildung des Präteritums schwieriger.

Es geschieht um Mitternacht.

Du erschrickst fürchterlich.

Wir vergessen die Zeit.

Tropfen fallen herab.

Eine tolle Geburtstagsüberraschung

Ich erinnere mich sehr genau an meinen 10. Geburtstag.
Bereits beim Frühstück war es ein bisschen anders als sonst. An meinem Platz steht ein kleiner Blumenstrauß.
In der Mitte des Tisches sehe ich meinen Lieblingskuchen mit 10 Kerzen – aber keine Päckchen.
Nirgends konnte ich ein Geschenk entdecken.
„Vielleicht bekomme ich mein Geschenk erst am Nachmittag", sage ich mir, bin aber doch ein wenig beunruhigt.
Am Nachmittag kommen meine besten Freundinnen und natürlich erschien auch Jochen von nebenan...

4. In diesem Text sind die Tempora (die Zeitformen) durcheinander geraten.

   a) Unterstreiche alle Verben (Zeitwörter)!

   b) Überprüfe, in welchem Tempus (welcher Zeitform) sie stehen müssen, und schreibe den Text richtig auf!

   c) Ergänze den Text: Was geschah noch an diesem Nachmittag? Habt ihr vielleicht Spiele gemacht, etwas gegessen, getrunken. Wann kam die Überraschung? Wie hast du dich gefreut? Was sagten deine Freunde? Wie ging die Feier zu Ende?

Von einem vergangenen Geschehen erzählst du im **Präteritum:**
Es war ...
Ich ging ...
Dort sahen wir...

Fabelhaft!

Theodor Etzel

Die Jagd auf den Hirsch

Die kleine Mücke flog auf einen ruhig äsenden Hirsch zu, als dieser plötzlich erschrocken den Kopf hob und in hastiger Flucht davoneilte. „Wie er sich vor mir fürchtet!“, rief die Mücke triumphierend und summte ihm nach, so schnell sie konnte. „Seht doch, wie der große Hirsch vor mir flieht!“ Und so eifrig gab sie sich der Verfolgung hin, dass sie nicht bemerkte, wie hinter ihr ein Löwe auf der Fährte des flüchtenden Tieres daherjagte.

Durch Feld und Wald ging die wilde Jagd, bis der Hirsch im dornigen Dickicht wund zusammenbrach. Jubelnd ließ sich die Mücke auf der Stirne des stöhnenden Tieres nieder. Da sprang auch der Löwe heran und warf sich auf den erjagten Hirsch.

„Diese Beute hast du mir zu danken!“, rief die Mücke ihm stolz entgegen. Der Löwe würdigte sie keines Blickes.

„Die Großen kennen keinen Dank!“, sagte gekränkt die Mücke und nahm sich fest vor, nie mehr einen Hirsch zu erjagen.

1. Glaubst du, dass der Hirsch wirklich vor der Mücke davonlief?
   a) Schreibe ins Heft, was die Mücke machte, als der Hirsch floh.
   b) Was hat sich wohl der Löwe gedacht, als ihm die Maus zurief: „Diese Beute …“?

2. Welche Lehre enthält diese Fabel? Versuche sie zu formulieren!

3. Schreibe die unterstrichenen Verben mit dem Personalpronomen auf!

sie flog, er hob …

Personalpronomen (persönliche Fürwörter) ersetzen Nomen im *Singular:* **ich, du, er / sie / es,** im *Plural:* **wir, ihr, sie.**

4. Am nächsten Tag erzählt die Mücke ihr Erlebnis einer Fliege. Schreibe im Präteritum (in der Vergangenheit) auf, was die Mücke sagte!

„Wie er sich vor mir ____________________ !"

„Wie der große Hirsch vor mir ____________________ !"

„Diese Beute ____ !"

„Die Großen ____ !"

5. Denke dir ein ähnliches „Erfolgserlebnis" für eine Maus aus!
Ergänze die folgenden Sätze und schreibe dann die Fabel allein weiter!

Wieder einmal huschte eine kleine Maus zu ihrem Mauseloch. Plötzlich sah sie ____________ davor sitzen. Schon wollte sie umkehren, doch

____

____

____

Beachte:

Erzähltempus:
Präteritum

Tempus der wörtlichen Rede:
Präsens

____

____

____

____

____

____

____

____

____

____

____

____

____

____

Volltreffer!

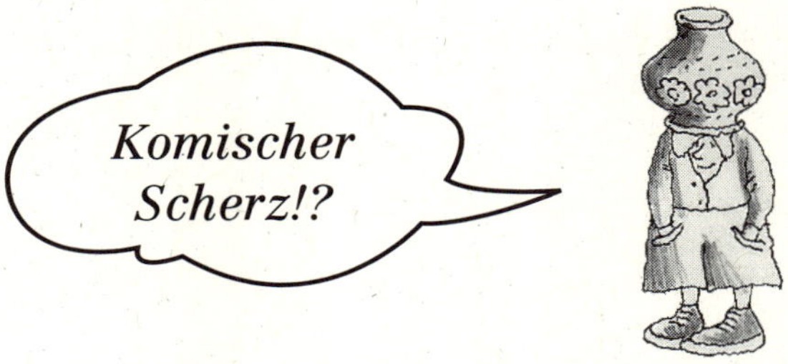

Beachte:

Erzähltempus: **Präteritum**

Tempus der wörtlichen Rede: **Präsens**

1. Trage in die Lücken alle Verben der Wortliste in den richtigen Zeitformen ein!

Zuerst ____________ Frau Müller die Hausarbeit. Dann ___________ sie sich im Wohnzimmer in einen Sessel und ____________ Socken für ihren Sohn. Plötzlich ______________________ sie ein leises Geräusch aus dem Kinderzimmer. Sie _______________________ auf, und was sie __________________, __________________ ihr Herz erstarren. „Hilfe“, ____________________ sie, „ein Ungeheuer!“ Als sie aber genauer _______________, ______________ sie den Körper ihres Sohnes Peter, der statt des Kopfes eine Vase auf den Schultern ________________. Besorgt ______________ sie in die Küche und ______________________ einen Hammer, da ihr Sohn mit leiser Stimme ____________________: „Mama, ich _____________________ keine Luft mehr. __________________ mir, sonst __________________ ich.“ „Keine Angst, mein Sohn, das _________________ wir schon“, ____________________ die Mutter. „Gleich _______________ du das Ding da los.“

Sie _________________ den Hammer und ______________ ihn so fest auf die Vase, dass diese in der Mitte ___________________________ und in Scherben zu Boden _________________.

Aber wo _________ Peters Kopf? Die Mutter _______________ fürchterlich. Plötzlich _____________________________ ihr ein verschmitztes Gesicht aus dem Hemdkragen entgegen.

„______________________ bitte“, __________________ der Sohn, als er das verärgerte Gesicht seiner Mutter ____________. „Es ____________ wohl doch kein so guter Scherz.“

erledigen
setzen
stricken
hören
blicken
sehen
lassen
schreien
hinsehen
entdecken
tragen
laufen
holen
jammern
bekommen
helfen
ersticken
schaffen
antworten
sein
heben
schlagen
zerspringen
fallen
sein
erschrecken
lächeln
entschuldigen
stammeln
sehen
sein

Pochatz in der Schule

sagte sagte *sagte* **sagte** *sagte*

Bekannte Dichterinnen dürfen sich also wiederholen!

1. Ordne folgende Wörter!

vortragen stottern fluchen feststellen plappern rufen meinen flüstern stammeln wettern schreien kreischen erwidern antworten bemerken verraten

ruhig, normal reden: ______________________________

____

aufgeregt, laut reden: ______________________________

____

besonders leise reden: ______________________________

____

2. Wähle nun selbst passende Wörter für „sagen“! Trage sie auf den freien Linien neben dem Text ein! Du kannst die Verben (Zeitwörter) auch mehrmals verwenden.

Sag ’s ihnen, Pochatz

„Da kannst du nicht sitzen bleiben“, **sagte** der Lehrer. ______________

„Warum nicht?“, fragte Pochatz.

„Ja, du meine Güte“, **sagte** Herr Korn. „Hast du etwa in der Schule, von der du gerade herkommst, auch an der Schmalseite vom Tisch gesessen?“ ______________

Pochatz sah Herrn Korn verwundert an, verdrehte die Augen zur Decke, als ob er dort die Antwort finden würde, und schien sich dann in Gedanken zu verlieren. Von ihm jedenfalls, das konnte man erkennen, konnte niemand im Moment eine Antwort erwarten. „Na gut“, **sagte** Herr Korn. „Wer von euch will sich denn bewegen?“ ______________

Es war ganz offensichtlich, dass er Jette, Walli und Meik damit meinte. Seine Augen wanderten von einem zum anderen und Jette hatte schon eine Ahnung, dass es heute irgendwie sie erwischen würde. Sie vermied es, Herrn Korn in die Augen zu sehen.

„Meik?“

Meik streckte seinen Hals etwas vor. „Ich kann nicht besonders gut sehen“, **sagte** er. „Ich sitze immer in der ersten Reihe.“

„Ach ja“, **sagte** Herr Korn. „Das hatte ich vergessen.“

Nun war Jette an der Reihe. „Ich bleibe neben Walli sitzen“, **sagte** sie. „Uns darf niemand trennen. Wer das wagt, der kriegt es richtig mit mir zu tun.“ Sie war vor Wut puterrot geworden, aber Herrn Korn konnte sie immer noch nicht anschauen.

„Ich gehe freiwillig“, **sagte** Walli.

„Das kannst du nicht machen“, schrie Jette. „Du kannst mich hier nicht allein lassen!“

„Ich setze mich eine Reihe zurück“, **sagte** Walli. „Mach doch keinen Ärger.“

„Ich mache aber Ärger“, **sagte** Jette.

Jetzt mischte sich Herr Korn ein. „Ist sonst noch jemand bereit seinen Platz zu verlassen?“, fragte er. „Damit die zwei Damen zusammenbleiben können?“

Niemand meldete sich. Das war ja vorauszusehen. „Dann sei so nett und setz dich eine Reihe zurück, Walli“, **sagte** Herr Korn. Und mit einem Blick auf Jette **sagte** er: „Das ist wirklich anständig von dir, Walli.“

3. Setze die richtigen Rede- und Satzzeichen ein und ergänze die passenden Verben (Zeitwörter) im Begleitsatz! Auch die Übersicht auf Seite 79 kann dir helfen.

> Er fragte: „…?“
> „…“, sagte ich.
> „…?“, flüsterte sie.
> „…!“, riefst du.

Da kannst du nicht sitzen bleiben ____________________ der Lehrer.

Warum nicht? ____________________ Pochatz.

Ja, du meine Güte ____________________ Herr Korn. Hast du etwa in der Schule, von der du gerade herkommst, auch an der Schmalseite vom Tisch gesessen?

Na gut ____________________ Herr Korn. Wer von euch will sich denn bewegen?

Meik? ____________________ er.

Ich kann nicht besonders gut sehen ____________________ er. Ich sitze immer in der ersten Reihe.

Ach ja ____________________ Herr Korn. Das hatte ich fast vergessen.

Ich bleibe neben Walli sitzen ____________________ Jette. Uns darf niemand trennen. Wer das wagt, der kriegt es mit mir zu tun.

Darüber musst du uns berichten!

1. Schau dir die Bildergeschichte aufmerksam an! Beantworte die Fragen und bemühe dich um kurze und knappe Antworten!

   Wer geht nach Hause, wer läuft Schlittschuh? ______________________________

   ____

   Was geschieht plötzlich? ______________________________

   ____

   Wo bricht der Junge ein? ______________________________

   ____

   Wie erreicht der Eisläufer das rettende Ufer? ______________________________

   ____

   Wann spielt sich das alles ab (beachte die Sonne)? ______________________________

   ____

   Warum ist der Junge eingebrochen? Warum sitzt er am Eisrand? ______________________________

   ____

2. Verfasse einen Bericht über den Vorfall,
zum Beispiel für die Schülerzeitung!
Beginne mit den Antworten auf die Fragen:
Wann? Wo? Was? Wer?
Im nächsten Absatz beantworte mit zwei bis drei Sätzen
die Frage: Warum?
Schreibe dann einen dritten Absatz,
in dem du mit etwa vier bis fünf Sätzen
den Verlauf des Geschehens in weiteren Einzelheiten wiedergibst.

Ein **Bericht** antwortet auf die *Fragen:*
Wer?
Was?
Wo?
Wann?
Warum?
Wie?

Tempus: **Präteritum**

3. Unterstreiche alle Verben und überprüfe, ob du das Präteritum verwendet hast!

4. Finde eine passende Überschrift für deinen Bericht!

Persönliche Briefe schreiben

Anredepronomen

du, dir, dich, dein
ihr, euch, euer

Diese Pronomen werden im Brief kleingeschrieben.

1. Die Sätze in dem Brief sind völlig durcheinander geraten.
   Bringe sie in eine logische Reihenfolge!

2. Schreibe den Brief neu und in dein Heft! Vergiss die Absätze nicht!
   Achte auf die Schreibung der Personalpronomen!
   Ergänze die fehlenden Buchstaben!

- [ ] ___eine Susanne
- [ ] Der Segelverein, bei dem ich den Kurs mache, liegt direkt neben dem Campingplatz.
- [ ] Die Trainerin heißt Steffi und ist super, weil sie den Kurs so gestaltet, dass uns nie langweilig wird.
- [ ] Ein bisschen Angst hatte ich schon, ließ sie mir aber nicht anmerken.
- [ ] Es macht unheimlich Spaß.
- [ ] Gleich am Anfang durften wir ein Boot besteigen und um die Wette paddeln.
- [ ] Dann erklärte uns Steffi die einzelnen Bootsteile des Optimisten, wie die Segelboote heißen.
- [ ] Ich freue mich schon wieder auf den morgigen Unterricht.
- [ ] Ich hoffe, ___ir und Opa geht es gut und ihr habt auch so ein schönes Wetter wie ___ir hier.
- [ ] Ich möchte ___ir von meinem gestrigen Tag des Segelkurses erzählen.
- [ ] Ich wagte mich als Erste mit Segel aufs Wasser.
- [ ] Steffi sicherte mich an einer langen Leine.
- [ ] Liebe Oma,
- [ ] Von Mutti und Vati soll ich ___uch ebenfalls grüßen.
- [ ] Wie ich ___ir schon am Tag nach unserer Ankunft am See mitgeteilt habe, gefällt es uns hier recht gut.
- [ ] Wir fuhren nur eine Wende um eine Boje und wieder zum Steg zurück.
- [ ] Wir sind zwei Mädchen und drei Jungen.

Einladen – aber wie?

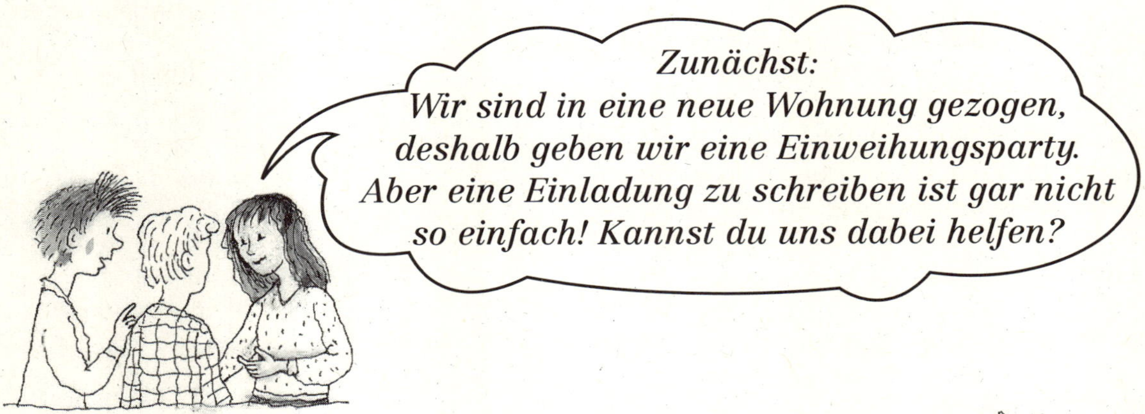

_____________ Nachbarn _

am Samstag _ dem 28. 08. 2001 _ startet bei uns in der Wiesenstraße 61 __achmittags um halb drei unsere große Einweihungsparty, zu der wir ______ herzlich einladen. Natürlich können ______ Kinder, Haustiere und alle weiteren Familienangehörigen mitbringen.

_______ kommen doch? Wir freuen uns schon darauf, mit _______ allen feiern zu können.

_______ neuen Nachbarkinder

Ralf, Sabine und Frank

1. Wähle eine passende Anrede!
Ergänze fehlende Satzzeichen und
Anredepronomen (Fürwörter)
in der Höflichkeitsform (Sie, …)!
Schreibe die Zeitangabe richtig!

Zeitangaben ohne Begleiter werden kleingeschrieben, wenn -s am Ende steht: **morgens.**

Farben, Farben, Farben

Klasse 5 ______________

____

____

Verbraucherzentrale

2001-09-25

____

____

Verwendung von Farben in Lebensmitteln

Sehr geehrte Damen und Herren,

wir, die Klasse 5 ____ der ______________ schule ______________________, möchten in einem Projekt über Farben Lebensmittel ungewöhnlich einfärben. Bitte teilen _______ uns mit, welche Farben wir ____________ Meinung nach dafür verwenden können.

Ist es ____________ auch möglich, uns zu sagen, woraus diese Farben bestehen und ob wir die eingefärbten Lebensmittel auch essen können?

Können _______ uns auch mitteilen, wo diese Farben erhältlich sind?

Für __________ Bemühungen danken wir _____________ im Voraus!

Mit freundlichen Grüßen

Klasse 5 _____

1. Trage die fehlende Absenderadresse ein! Finde heraus, wo sich in deiner Nähe eine Verbraucherberatungsstelle befindet, und setze auch deren Anschrift ein!
2. Ergänze die fehlenden Anredepronomen!
3. Überarbeite den Brief mit Hilfe der Tipps auf den Seiten 19–22!

In einem sachlichen Brief sprichst du dir unbekannte Personen mit „Sie“ an. Die **Anredepronomen** werden großgeschrieben: **Sie, Ihre, Ihr, Ihnen**.

Anzeigen schreiben

Gedichte schreiben | alte Comics sammeln | mit Freunden zusammen sein

Reiten | Judo trainieren | allein in einer Großstadt

Musik hören und machen

1. a) Streiche die Aussagen durch, die nicht auf dich zutreffen!
   b) Fülle die Lücken mit Informationen über dich!

2. Schreibe mit Hilfe der Stichpunkte aus Aufgabe 1 für eine Jugendzeitschrift eine Anzeige, in der du eine Brieffreundin/einen Brieffreund suchst!

3. a) Überlege jetzt, welche Informationen in deinem Text folgende Fragen beantworten:

Markiere diese in deinem Text mit Farbstift!

   b) Konntest du Fragen nicht beantworten, dann ergänze deine Anzeige!

Texte überarbeiten

Gute Texte zu schreiben ist eine richtige Technik, die du lernen kannst. Wenn du z. B. aus Ton eine Figur knetest, etwa ein Schaf, entsteht erst die ungefähre Form. Diese wird dann so lange bearbeitet, bis ein schönes Tier entstanden ist. Genauso gründlich sollst du auch mit einem Text umgehen, sodass er interessant und gut zu lesen ist. Erst schreibst du alles Wichtige auf, dann überarbeitest du den Text noch einmal gründlich.
Dabei helfen dir folgende Tipps:

TIPP 1: Vollständige Wörter und Sätze schreiben!
TIPP 2: Tempora (Zeitformen des Verbs) beachten!
TIPP 3: Wiederholungen vermeiden!
TIPP 4: Satzzeichen und Zeichen für die wörtliche Rede überprüfen!

Wenn du die folgenden Übungsvorschläge durcharbeitest, erhältst du Informationen zum Thema:
Die Sonne

TIPP 1: Vollständige Wörter und Sätze schreiben!

1. Hier fehlt doch einiges!
   Setze folgende Wörter in der richtigen Reihenfolge ein! Dann verstehst du den Text besser.
   Fünfmal fehlen die Wortendungen. Ergänze sie!

als | ist | der | das | wurden | haben | benutzt | und

Schon lange vor unserem technisch-wissenschaftlichen Zeitalter ______________ Menschen die Sonne beobachtet, sie als Zeitmesser ______________, ihr______ Leben spendende Bedeutung erkannt, sie ______________ Gottheit verehrt und gefürcht______. Die ältesten Kultstätten der Menschheit sind meist nach Auf- ______________ Untergang unser______ Tagesgestirns zu Frühlings- oder Sommeranfang ausgerichtet. Eines ______________ bedeutendsten Bauwerke

→

dies______ Art ______________ der gewaltige Steinkranz von Stonehenge in England, für den bis zu 48 Tonnen schwe______ und acht Meter hohe Brocken 30 bis 225 km weit transportiert __________________, und ________________ etwa um 2000 vor Christus!

TIPP 2: Tempora (Zeitformen des Verbs) beachten!

2. Setze folgende Verben richtig ein! Beachte die Zeit, die Person und die Zahl der Personen!

halten – ermöglichen – aufgehen – hinweisen

Vom Zentrum des gewaltigen Steinkreises aus gesehen, ________________ die Sonne am 21. Juni genau über einem 80 Meter entfernten Felsblock ________________. Einige Wissenschaftler ____________________ Stonehenge auch für einen Steinzeitcomputer zur Finsternisberechnung, da die Verbindungslinien zwischen einzelnen Steinen auf bestimmte Auf- und Untergangspunkte von Sonne und Mond ________________. Dies wiederum ________________ vielleicht eine Vorhersage von Finsternissen.

TIPP 3: Wiederholungen vermeiden!

3. Im folgenden Text wurden immer wieder die Nomen (Hauptwörter) aus dem Satz davor verwendet. Wenn du zwischendurch Pronomen (Fürwörter) einsetzt, klingt der Text besser.
Mögliche Ersatzwörter: ihn, er, sie, sie, ihnen.
Schreibe den zweiten Satz jeweils neu!

Im alten Ägypten hatte der Sonnengott Re eine übermächtige Stellung. Der Pharao Echnaton machte den Sonnengott sogar selbst zum einzigen Gott.

____

____

Bei den alten Griechen fuhr täglich der Sonnengott Helios in seinem Sonnenwagen. Der Sonnengott spannte herrliche Rösser vor den Sonnenwagen und die Rösser zogen den Sonnengott über den Himmel.

____

____

____

Fern von Europa und Asien verehrten auch die amerikanischen Mayas, Inkas und Azteken Sonnengötter. Den Sonnengöttern wurden sogar Menschenopfer gebracht.

TIPP 4: Satzzeichen und Zeichen für die wörtliche Rede überprüfen!

4. Suche im folgenden Abschnitt die Satzenden und setze die Satzschlusszeichen!

Auch im 20. Jahrhundert trifft man, was die Sonne anbelangt, oft auf für uns unverständliche Vorstellungen und Bräuche 1973 begingen in Afrika bei einer totalen Sonnenfinsternis viele Menschen Selbstmord, da sie dieses an sich völlig harmlose Naturereignis für einen Weltuntergang hielten 1980 beschossen indische Polizisten den Mond, der die Sonne bedeckte, mit Pistolen und Gewehren Auch in der Astrologie spielt die Sonne seit Jahrtausenden eine große Rolle

5. Setze die Satzzeichen und die Zeichen für die wörtliche Rede!

Anna dreht das Radio an

Eine Wissenschaftlerin berichtet Unsere Sonne leuchtet und strahlt schon seit vielen Millionen Jahren Sie ist aber auch, wie alles in der Natur, einmal entstanden Anna ruft Florian komm her das habt ihr doch gerade in Erdkunde Die Stimme spricht weiter Man weiß heute, dass sie sich zusammen mit ihren Planeten aus einer großen kühlen Wolke aus Gas und Staub gebildet hat Diese etwa kugelförmige Wolke zog sich zusammen, drehte sich dabei immer schneller und verformte sich Im Zentrum dieser Scheibe ballte sich fast die ganze Materie der Wolke zu einer großen Kugel zusammen Daraus entstand die Sonne In den Randbereichen der Scheibe bildeten sich kleinere Himmelskörper, die Planeten und Monde Das hat unser Lehrer genauso erklärt meint Florian

Textüberarbeitung in vier Schritten

Du musst für jeden Schritt der Textüberarbeitung deinen Entwurf genau durchlesen und dabei die Kernfragen beachten.

1. Schritt Überprüfung des Inhalts

Kernfrage:
Ist der Text für andere Leser an allen Stellen verständlich?

Hilfen:
- Gibst du genaue Antworten auf die Fragen: *Wer?, Was?, Wann?, Wo?, Warum?, Wie?*
- Lies den Text anderen vor und frage, wo ihnen etwas unklar ist!
- Streiche unklare Stellen an und verbessere sie!

2. Schritt Überprüfung der Sprache

Kernfrage:
Ist der Text flüssig zu lesen?

Hilfen:
- Sind die Sätze vollständig?
- Weist jeder Satz mindestens Subjekt und Prädikat auf?
- Ist die Wortwahl abwechslungsreich?

3. Schritt Überprüfung von Rechtschreibung und Grammatik

Kernfrage:
Ist der Text fehlerfrei?

Hilfen:
- Lies den Text halblaut vor!
- Überprüfe Satzzeichen und wörtliche Rede!
- Wurden die richtigen Tempora beachtet?
- Wurden Dativ und Akkusativ richtig angewendet?

4. Schritt Endfassung

Schreibe deinen überarbeiteten Entwurf fehlerfrei und mit bester Schrift ab!

Hilfen:
- Gut schreibenden Stift verwenden!
- Wie kannst du den Text zusätzlich gestalten (Bilder einkleben, Zeichnungen)?

> Tipp:
>
> Lege bei längeren Texten zwischen den einzelnen Schritten Pausen ein!
> Du kannst auch einen Text „überschlafen“ und erst am nächsten Tag weiterarbeiten.

Übe diese vier Schritte an dem folgenden Text auf S. 23!

Was ist eine Sonnenfinsternis?

INH1	Bei Neumond kann es vorkommen, dass sich die Sonne zwischen die Erde und
TIPP 3	den Mond schiebt. Die Sonne wird dann vom Mond bedeckt, der Mond wirft also
R	einen Schatten auf die Erde und erzeukt eine Sonnenfinsternis. Bei einer totalen
TIPP 2	Sonnenfinsternis bedeckte der Mond die Sonnenscheibe ganz, mitten am Tag
TIPP 4	wurde es für einige Minuten stockdunkel Die schwach leuchtende Korona und
R (2 x)	die helsten Sterne werden für das blosse Auge sichtbar. Steht der Mond während
TIPP 2/TIPP 3	einer Sonnenfinsternis in Erdferne, so erschien der Mond uns so klein, dass der
	Mond die Sonne nicht mehr ganz bedecken kann. Um die dunkle Mondscheibe
R/TIPP 4	herrum verbleibt ein heller Sonnenring Wir haben eine ringförmige Sonnenfins-
TIPP 2	ternis. Partiell nannte man eine Finsternis, bei der der Mond die Sonne nicht ganz
	bedeckt.
TIPP 2/TIPP 1	Meist lief der Mond über oder unter der Sonne vorbei, sodass wir nicht in jede
TIPP 3	Monat eine Sonnenfinsternis erleben. Meist kann eine totale Sonnenfinsternis nur
TIPP 4	von einem schmalen Landstrich aus beobachtet werden sodass zwischen zwei
TIPP 1	solchen Ereignissen in ein und derselbe Stadt oft Jahrhunderte vergehen.

1. Die Korrekturen am Rand bedeuten:

INH 1 Hier ist der Inhalt falsch.
Stelle den Satz richtig!

TIPP 1 Ergänze fehlende Endungen im Text!

TIPP 2 Achte auf das Tempus (die Zeitform der Verben)!
Schreibe diese im richtigen Tempus auf!

TIPP 3 Hier wiederholen sich Wörter in aufeinander folgenden Sätzen.
Ersetze sie durch Pronomen!

TIPP 4 Setze die fehlenden Satzzeichen im Text!

R Hier muss die Rechtschreibung korrigiert werden.
Überlege, welche Lösungshilfe hier angewendet wird! Berichtige das Wort!

2. Nun kannst du den Text fehlerfrei in dein Heft schreiben.

Rechtschreiben

Verwandte Wörter suchen

Wortfamilien

1. Verwandte Wörter haben denselben Wortstamm. Bilde verwandte Wörter!

Vorsilbe	Stamm	Endung	
ver die Ab	reis	en e	*verreisen,*
ab die Über	fahr	en t	
auf das Ge	fall fäll	en ig e	
er die Aner	kenn	en t ung	
ge das Ge	pack päck	t en	
zuge die Ent	deck	t en ung	
ver zu	rück	en t	

2. Ordne nach fünf Wortfamilien!
Zu jeder Wortfamilie gehören vier Wörter. Schreibe sie jeweils in eine Zeile!

kühl	ernähren	Rahmen	nehmen	sie liest	Nahrung	abkühlen
sie las	einrahmen	Kühle	nahrhaft	Aufnahme	gelesen	gerahmt
Vernehmung	Diarahmen	Einnahmen	Nährwert	Kühlschrank	leserlich	

kühl, Kühle,

Aus Wortstämmen und Nachsilben Nomen (Hauptwörter) bilden

1. Bilde mit den Wortstämmen und den Nachsilben Nomen und schreibe sie mit Artikel auf! Beachte, dass diese Wortbestandteile nicht den Trennungssilben entsprechen!

Arbeit, Kält, Bäck, Fahr — er, er, t — in, e, ei

Werb, Dunkel, Wild, Ver — schaft, wandt, nis — ung, heit

die Kälte,

Schrein, Wäsch, Näh, Lehr — er, er, e — ei, in

Freund, Müd, Ort, Er — ig, laub, schaft — nis, keit

der Schreiner,

Aus Wortstämmen, Vor- und Nachsilben Verben (Zeitwörter) bilden

1. Füge die Wortbestandteile zusammen! Bilde möglichst viele Verben (auch in Personalformen)!

bereit schlag
vor vor et en

t
reich
über über rasch en

er wart halt
er et en

ein lad weih
ein ge en en

vorschlagen, sie erwartet,

2. Bilde neue Verben mit den Vorsilben **ver-** und **ent-**:

ver	dienen	bieten	schlafen	längern	heiraten
		blühen	gleichen	reisen	pflichten
ent	springen	laufen	falten	wickeln	laden
		zünden	decken	gleisen	gehen

verdienen,

entspringen,

Aus Wortstämmen, Vor- und Nachsilben Adjektive (Eigenschaftswörter) bilden

1. Füge die Wortbestandteile zusammen!

ge | freund | pünkt | herz | müt | lich

be | lust | wolk | freud | gier | ig

gemütlich, ______________________

____

____

____

2. Bilde mit den Nachsilben aus den Eckpunkten des Trampolins entsprechende Adjektive! Notiere sie in dein Heft! Suche zu jedem Adjektiv ein passendes Nomen!

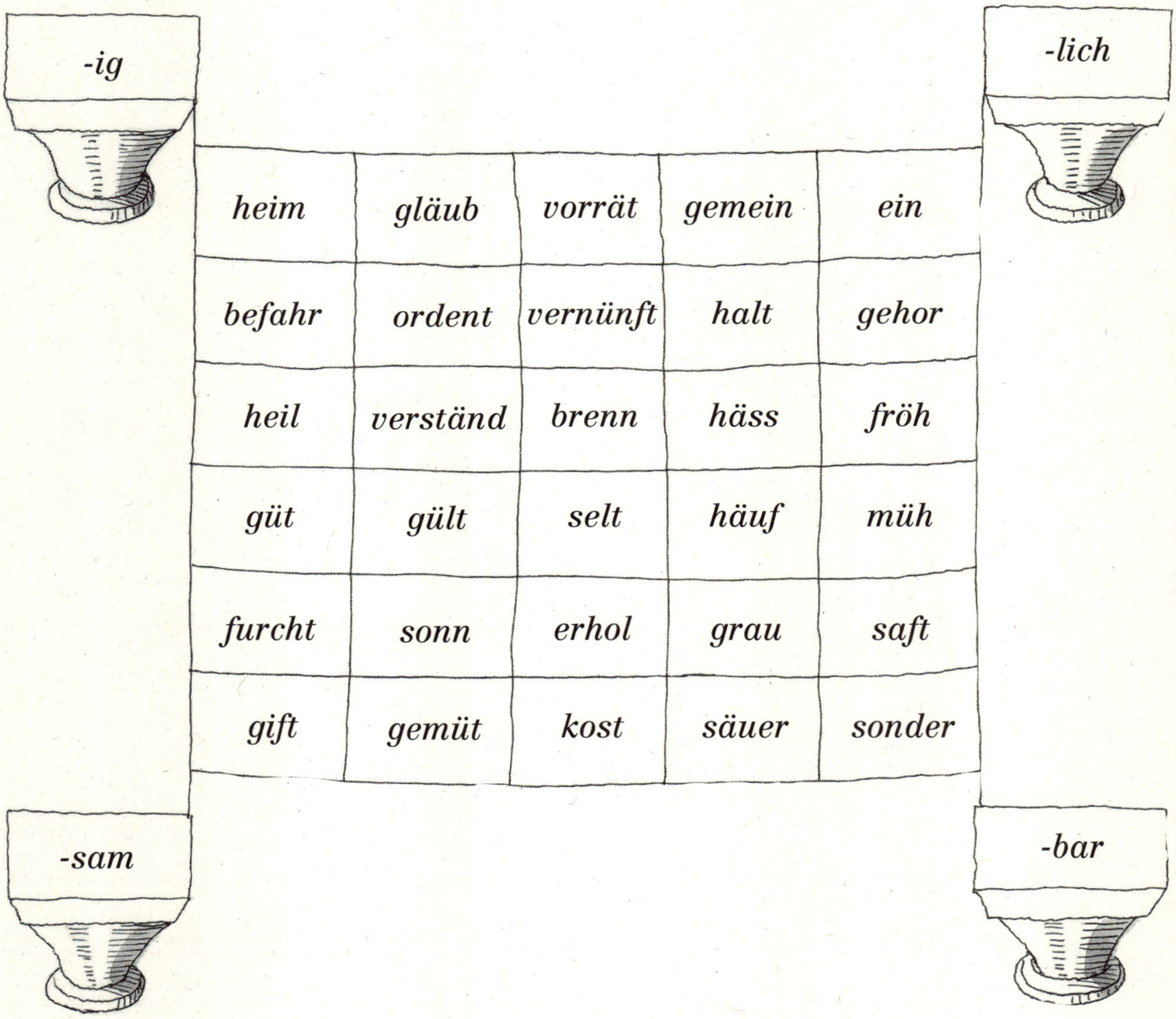

heim	gläub	vorrät	gemein	ein
befahr	ordent	vernünft	halt	gehor
heil	verständ	brenn	häss	fröh
güt	gült	selt	häuf	müh
furcht	sonn	erhol	grau	saft
gift	gemüt	kost	säuer	sonder

Wörter mit h üben

1. Suche die Wörter mit **hl, hm, hn** und **hr** heraus und ordne sie in die Tabelle ein!

E	Z	A	H	M	B	A	H	N	B	B
R	N	A	H	R	U	N	G	E	R	E
N	M	R	T	Ü	T	K	Ü	H	L	R
Ä	A	L	E	H	N	E	N	M	S	Ü
H	H	S	H	R	A	H	M	E	N	H
R	N	U	O	E	H	A	H	N	S	M
E	E	H	H	N	S	T	U	H	L	T
N	N	R	L	K	E	H	R	E	N	L
E	R	Z	Ä	H	L	E	N	T	L	N

Es sind 19 Wörter versteckt.
Eines davon findest du nur, wenn du von unten nach oben liest.

- hl -	**- hm -**
	zahm,

- hn -	**- hr -**

2. Suche aus den Wörtern der Aufgabe 1 alle Verben heraus! Schreibe so:

lehnen – du lehnst,

3. Falsch verbunden! Hier musst du einiges vertauschen. Bilde mit den neuen Wörtern Wortgruppen!

~~Kohl~~steig *Kohlfeld – der Hase im Kohlfeld*

Bahn~~feld~~ ______

Mahnstück ______

Frühstein ______

Mehllampe ______

Zahnfahrt ______

Mühlbrief ______

Glühschrank ______

Kahnarzt ______

Kühlsack ______

4. a) In den Nomen sind Verben (Zeitwörter) versteckt. Schreibe die Verben im Infinitiv (in der Grundform) auf!

das Nähzeug	der Drehstuhl	der Gehweg	das Stehcafé	die Sehnsucht
der Sprühregen	die Weihnacht	die Glühlampe	das Rührei	die Kehrmaschine

nähen, ______

______

b) Lies die Verben laut vor! Hörst du dabei das **h?**

c) Hier ändern die Verben ihre Form. Setze sie richtig ein!

Sie ______ sich selbst ein Kleid.	Er ______ Wasser über das Auto.
Sie ______ sich im Kreise.	Er ______ seine neue Wohnung ein.
Sie ______ schon in die Schule.	Das Eisen ______ im Feuer.
Sie ______ an der Bushaltestelle.	Er ______ sich nach Ruhe.
Sie ______ den Teig.	Er ______ die Straße.

5. Löse das Rätsel und bilde zusammengesetzte Nomen!

ein scheues Waldtier			H			das ______kitz
Nutztiere auf dem Bauernhof				H		die ______zucht
ein weibliches Rind			H			der ______stall

Wörter mit doppeltem Konsonanten üben

1. **Der Fuchs und der Bock**
   Ein Fuchs und ein Bock waren bei heißem Wetter unterwegs. Sie sehnten sich nach kühlem Wasser. Endlich fanden sie einen Brunnen. Unbekümmert sprangen sie hinunter und stillten ihren Durst. Der Bock begann sich umzusehen, wie er wieder herauskommen könnte. Der Fuchs beruhigte ihn: „Halb so schlimm. Wir können uns retten, indem du dich auf die Hinterbeine stellst und die Vorderbeine gegen die Mauer stemmst. So kann ich leicht von deinem Rücken auf die Hörner steigen und hinausklettern. Dann werde ich dich herausziehen." Der Bock ließ es sich willig gefallen. Der Fuchs hüpfte mit einem Sprung aus dem Gefängnis. Er tanzte um den Brunnen herum und spottete über den armen Bock.

   a) Unterstreiche im Text alle Wörter mit doppeltem Konsonanten (Mitlaut), auch **ck,** und schreibe sie heraus!

(ck) *Bock*	(tt) ________	(ss) ________
(nn) ________	(mm) ________	(ll) ________
(nn) ________	(mm) ________	(nn) ________
(mm) ________	(tt) ________	(ll) ________
(mm) ________	(nn) ________	(ck) ________
(tt) ________	(nn) ________	(ll) ________
(ll) ________	(tt) ________	

   b) Setze die Verben in den Infinitiv (die Grundform)!

(ll) *stillen*	(nn) ________	(mm) ________
(nn) ________	(tt) ________	(ll) ________
(mm) ________	(tt) ________	(ll) ________
(tt) ________		

2. Ordne die Wörter!

Koffer	gewinnen	bekümmert	willig	Kartoffel	gefallen
Schall	Kamm	satt	dumm	Flamme	billig
matt	Löffel	Beginn	stumm	Schatten	offen
Stall	Stamm	krumm	Platte	Schwamm	Kinn
	Knall	Sinn	still	grillen	

-off/-öff:	*Koffer*	*Löffel*		
-all:				
-amm:				
-inn:				
-ill:				
-umm/-ümm:				
-att:				

3. Bilde Reimwörter auf:

Stock	Scheck	Pfütze (für **zz** steht **tz**)
Rock	*Dr*	*Gr*
B	*Zw*	*St*
Bl	*Best*	*M*

Kanne	Klasse	glatt
Pfanne	*K*	*m*
T	*T*	*s*
P	*G*	*Bl*

4. Hier ging einiges schief! Ordne neu und schreibe die zusammengesetzten Nomen auf!

~~Tür~~rock – Geschirr~~summer~~ – Blattschirm – Kabellaus – Sonnenspüler – Katzenschlitten – Tellertrommel – Schottenjammer – Hunderand

Türsummer,

Wörter mit doppeltem Vokal üben

1. Löse das Rätsel!

Beere, Beet, Boot, Haar, Schnee, Moos, Klee, Saat, leer, Zoo, Meer, Moor, See, Tee, Saal, Waage, Teer, Seele

Du kannst es kämmen. ....

Anderes Wort für Tiergarten. ....

Es bedeckt den größten Teil der Erdoberfläche. ....

Er wächst auf Wiesen und dient als Viehfutter. ....

Ein Sumpfgebiet, in dem man leicht versinken kann. ....

Ein Raum für große Veranstaltungen. ....

Ein Wasserfahrzeug. ....

Es wächst an feuchten Stellen und bildet Polster. ....

2. Setze passende Nomen zusammen!

Klee Teer Schnee See
Segel Fest Pfefferminz

\+

Boot Tee Saal
Räuber Straße Blatt Flocke

Haar Saat Zoo Beeren
Personen Mittel Gemüse

\+

Waage Beet Meer
Körner Spange Obst Wärter

das Segelboot,

3. Reimwörter

Saat	Haar	Teer	See
St	*P*	*l*	*Kl*
M	*S*	*M*	*T*
			Schn

Schwierige Konsonanten üben

B/b oder **P/p, D/d** oder **T/t, G/g** oder **K/k** am Wortanfang?

Wortliste 1	
packen	trennen
treten	knicken
klingeln	planen

Wortliste 2	
Platte	Kette
Tropfen	Panne
Knopf	Post

Wortliste 3	
knallen	paddeln
trocken	trotzen
krumm	treffen

1. Wortlisten 1, 2 und 3
   Lies die Wörter laut und sprich die Anfangslaute betont deutlich! Ordne die Wörter nach:

P/p	**T/t**	**K/k**
packen		

2. Wortliste 1
   Suche zu den Verben verwandte Nomen! Manchmal brauchst du die Nachsilbe **-ung**.

   die Packung, ____________________________

   ____

3. Wortliste 2
   Ergänze mit den Wörtern aus der Wortliste!

die Reifenpanne	*die Fahrrad* ______	*der* ______ *spieler*
der Wasser ______	*das* ______ *loch*	*die* ______ *karte*

4. Wortliste 3
   Sortiere die Wörter nach Verben und Adjektiven!

   Verben: ______________________________

   Adjektive: ______________________________

   Bilde jeweils ein Nomen: ____________________

   ____

Wortliste 1

blühen	brechen
blitzen	danken
drehen	graben
drücken	bremsen

Wortliste 2

Gruppe	Blick
Griff	Grund
Glück	Dreck
Glocke	drinnen

5. Wortlisten 1 und 2
Sprich die Wörter so, dass **b, d, g** weich klingen!
Ordne die Wörter nach:

B/b	D/d	G/g
blühen, ______	______	______
______	______	______
______	______	______
______	______	______
______	______	______
______	______	______

6. a) Ordne den Nomen Verben aus der Wortliste 1 zu!

Blüte	Bruch	Draht	Druck
______	______	______	______

b) Ordne den Adjektiven Nomen aus der Wortliste 2 zu!

greifbar	glücklich	dreckig	gründlich
______	______	______	______

7. Wortliste 2
Ergänze!

der Augenblick ______ *die Jugend* ______

der An ______ *die Kirchen* ______

der Ab ______ *Fliegen* ______

das Un ______ ______ *bleiben*

8. Löse das Rätsel!

Anfangsbuchstaben **B, D, G**

				K		. . . Sie läutet vom Turm.
			C			. . . . kurzes Hinsehen, auch Aussicht
		N				. . . . Du sagst es, wenn du etwas geschenkt bekommst.
			T			. . . . grelles Licht beim Gewitter
				P		. . . eine Anzahl von Menschen

Anfangsbuchstaben **P, T, K**

				M		. . . . Erlebnis im Schlaf
			L			. . . . Krach bei einem Schuss
		A				. . . . Stelle, Freifläche
			E			. . . . Gegenteil von Frieden
				E		. . . mit dem Fuß stoßen

b oder **p, d** oder **t, g** oder **k** am Wortende?

9. a) Schreibe die passenden Nomen zu den Bildern in dein Heft! Nimm diesmal unbedingt einen Bleistift! Es könnte sein, dass einige Wörter verbessert werden müssen.

b) Prüfe, ob du die Endlaute richtig geschrieben hast! Verlängere dazu die Nomen!

die Ringe, ______________________________

____

____

10. Steigerungsform

spannend – *ein spannenderer Film* ______ gesund – ______ *leben*

klug – *eine* ______ *Frau* wild – ______ *herumtoben*

schräg – *ein* ______ *Dach* wenig – ______ *Geld haben*

11. Schreibe Sätze, die in Sagen und Märchen stehen könnten!
Verwende die Verben im Präteritum (in der Vergangenheit)!

ihren Mann von der Burg herabtragen (eine Frau)

Eine Frau trug ihren Mann von der Burg herab.

den Frosch aufheben (die Prinzessin)

______

im Berg verschwinden (der Zwerg)

______

die Schweine hinaustreiben (der Bauer)

______

die Glocke ausgraben (ein Mann)

______

die Suche nicht aufgeben (die alte Frau)

______

eine Woche lang schweigen (die Königstochter)

______

die Kutsche ein Stück vorschieben (der Schwager)

______

auf einer bunten Blumenwiese liegen (die Prinzessin)

______

Gold und Edelsteine abwiegen (der König)

______

Wörter mit ss/ß üben

ß nach langem Vokal oder Doppelvokal

1. **Langsamer wäre schneller gewesen**

Alfred <u>Kloß</u> wollte seine Frau im Krankenhaus besuchen. Er kaufte noch etwas <u>Süßes</u> und einen Strauß Blumen. Dann setzte er sich ins Auto und gab Gas. Es war sehr heiß. Alfred drehte das Fenster herunter und ließ sich den Wind ins Gesicht blasen. Es machte ihm Spaß, schnell zu rasen, obwohl er wusste, dass dies gefährlich war. Eine Autofahrerin musste scharf bremsen, als er ihr die Vorfahrt nahm. Zu spät! Alfred lief vor Schreck weiß an, dann verspürte er einen heftigen Stoß. Auf der Straße lag überall Glas. Der Knöchel seines linken Fußes tat ihm weh. „Wo wollten Sie denn bloß so schnell hin?“, fragte ihn die Frau besorgt. „Ins Krankenhaus.“ Herr Kloß hatte einen Kloß im Hals. „Na, bei Ihrer Raserei sollte das kein großes Problem sein.“

a) Unterstreiche alle Wörter mit **ß!**

b) Schreibe sie anschließend auf!
Ordne dabei:

ß nach langem Vokal: *Kloß, Süßes*

ß nach Doppelvokal: *Strauß*

2. Löse das Rätsel!
Im folgenden Wort bleiben die Buchstaben unverändert, solange kein neuer Buchstabe angegeben ist. Beachte die Groß- und Kleinschreibung!

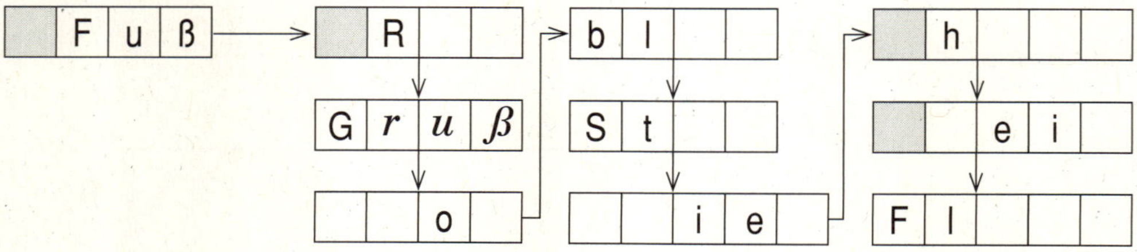

ss nach kurzem Vokal

3. **-ass-** oder **-ess-?**

K___e *Kasse*	M___er	M___e	Kl___e
T___e	M___e	b___er	p___ieren

4. Nomen mit **ss** am Ende

fassen → *das Fass*	flüssig → *der*
küssen → *der*	die Schlösser → *das*
die Nüsse → *die*	die Regengüsse → *der*
passieren → *der*	gebissen → *der*
die Schüsse → *der*	rissig → *der*

5. Reimwörter

lassen	messen	Bass	gießen	heißen
fassen	*pr*	*P*	*gen*	*schm*
h	*verg*	*F*	*schl*	*b*
pr	*ges*	*H*	*fl*	*r*

Die Länge des Stammvokals wechselt: **ss** oder **ß?**

6. Bilde aus den Wortstämmen Verbformen im Präsens (in der Gegenwart) und im Präteritum (in der Vergangenheit)! Kennzeichne alle kurzen Vokale in den Wortstämmen mit einem . und alle langen Vokale/Doppelvokale mit einem _!

	-ss-	**-ß-**
das [Mess]gerät	*sie messen*	*er maß*
der An[lass]	*sie*	*er*
das [Ess]besteck	*sie*	*er*
[vergess]lich	*sie*	*er*
aber	**-ß-**	**-ss-**
das Auto[schloss]	*sie*	*er*
die [Riss]wunde	*sie*	*er*

7. Ergänze die Lücken mit dem unterstrichenen Verb!

Er sollte nicht so viel Süßes <u>essen</u>, aber er *aß* ______________ es doch.

Er sollte besser <u>aufpassen</u>, aber er ______________________ nicht auf.

Er sollte die Katze in Ruhe <u>lassen</u>, aber er ______________ sie nicht.

Er sollte nichts <u>anfassen</u>, aber er ____________________ doch alles an.

Er sollte das Einkaufen nicht <u>vergessen</u>, aber er__________ es doch.

Er sollte die großen Mädchen nicht <u>küssen</u>, aber er ______ sie doch.

8. Wörterschlangen

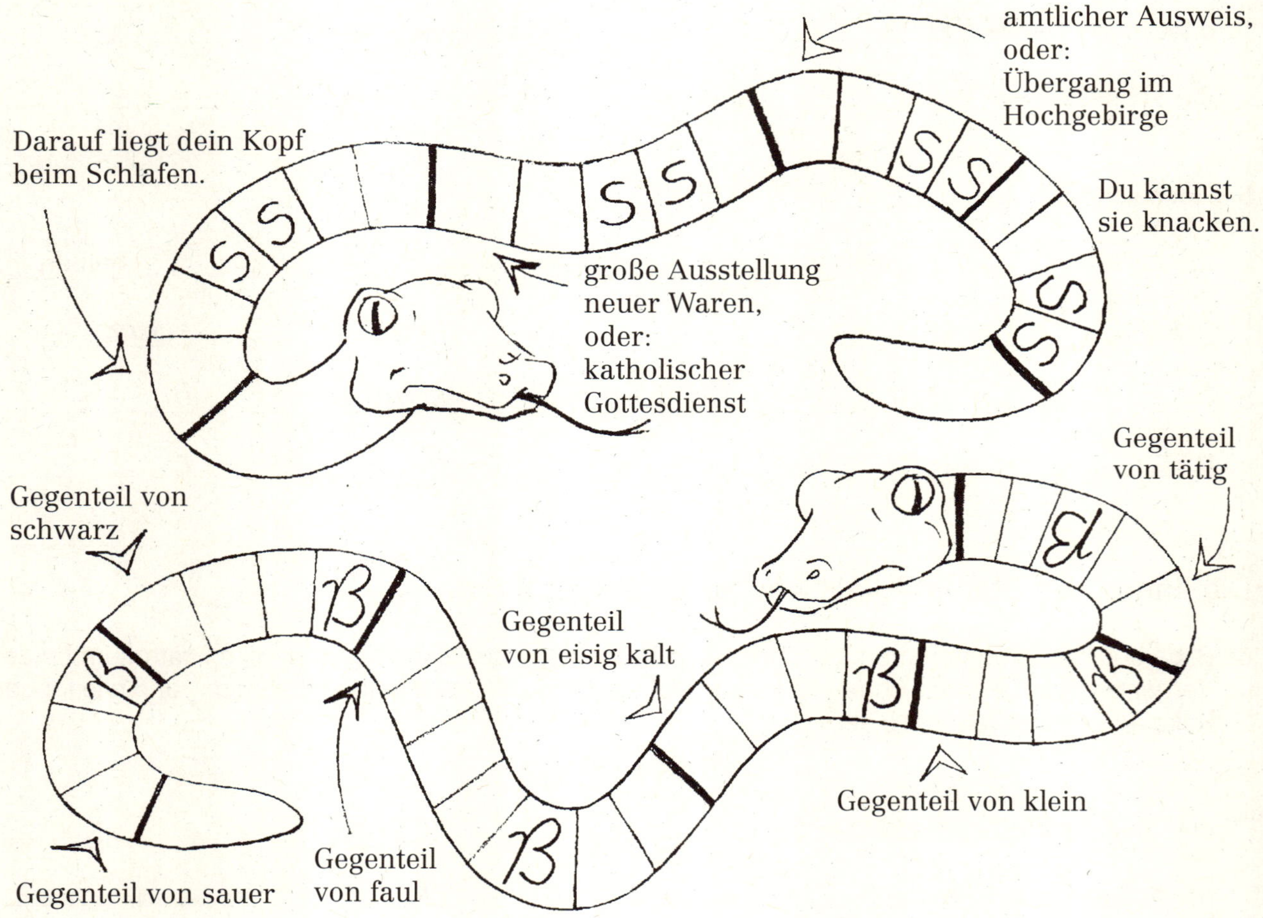

Schreibe die Lösungswörter hier noch einmal auf!

Erste Schlange: ____

Zweite Schlange: ____

____

9. Schreibe die gezeichneten Nomen im Singular (Einzahl) und im Plural (Mehrzahl) auf!

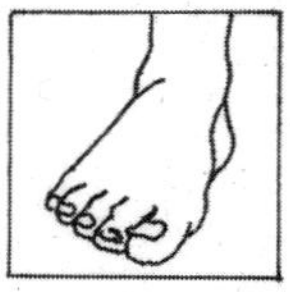

der Fuß ________

die Füße ________

der ________

die ________

der ________

die ________

das ________

die ________

das ________

die ________

der ________

die ________

die ________

die ________

Es gilt immer:

Nach kurzem Vokal steht **ss,** nach langem Vokal oder Doppelvokal steht **ß.**

10. Wortfamilien
Entscheide, ob du **ss** oder **ß** schreiben musst!

Fra___ *Fraß*	fre___en	er fri___t	gefrä___ig
Genu___	genie___en	Genie___er	genü___lich
verdrie___en	Verdru___	verdrie___lich	unverdro___en
sprie___en	Spro___	Sommerspro___en	es sprie___t
abschlie___en	Schlo___	Schlo___er	er verschlie___t
gie___en	Gu___	Gie___kanne	gego___en

Wörter mit ch üben

1. a) Schreibe Reimwörter!

vergleichen	dicht	weich	Fichte
weichen	*Ber*	*T*	*N*
bl	*S*	*r*	*D*
str	*W*	*gl*	*W*
	L		

Pech	riechen	recht	rauchen
fr	*kr*	*schl*	*br*
		e	*t*

b) Findest du alle Wörter?

nicht stark, sondern	?ach	*schwach*
nicht tief, sondern	?ach	
nicht müde, sondern	?ach	
nicht Fluss, sondern	?ach	
nicht Keller, sondern	?ach	
nicht Mühle spielen, sondern	?ach	

2. Setze passende Nomen zusammen!

Fichten	Pfirsich	Teich	↔	Torte	Nadeln	Forellen
	Brauch				Hochzeit(s)	
Eichen	Fläche	Fächer		Haupt	Holz	Grund

die Fichtennadeln,

3. Singular — Plural

der Brauch ⟶ *die Bräuche*

das Fach ⟶ *die*

der Geruch ⟶ *die*

die Nacht ⟶ *die*

der Pfirsich ⟶ *die*

der Hecht

die

4. Schreibe verwandte Nomen hinzu!

riechen – *der Geruch*

berichten – *der*

stechen – *der*

mächtig – *die*

flach – *die*

furchtbar – *die*

5. a) Die folgenden Wörter musst du besonders üben.
Es sind Wörter mit **-ch-** in der Mitte und **-ig** am Ende.
Reime!

richtig	tüchtig	mächtig
w	*s*	*pr*

b) Wenn du unsicher bist, hilft hier **immer** die Verlängerungsprobe:

richtig	*die richtige Lösung*
w	
tü	
sü	
mä	
prä	

c) Bilde mit den Wörtern aus Aufgabe 5 b) kurze Sätze.

Die Lösung ist richtig.

Wörter mit ie üben

1. Ordne nach sieben Wortfamilien!

Spiel	viel	vielleicht	Knie	vier	niemand	hierher
Beispiel	hiermit	nie	Viertel	knien	Spieler	lieb
Vielfalt	~~viermal~~	niemals	hier	lieber	liebenswürdig	gekniet

vier, viermal ______________________ ______________________

______________________ ______________________

______________________ ______________________

______________________ ______________________

2. In den Wörtern fehlt **ie:**

Ld – *Lied*	Brf – ______	Wse – ______	Krg – ______
Papr – ______	Trb – ______	Db – ______	Zl – ______
schf – ______	tf – ______	Spl – ______	Stl – ______

3. Löse das Rätsel!

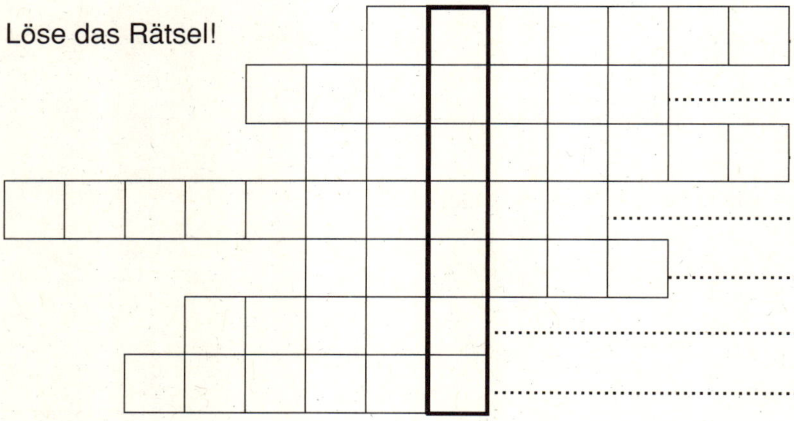

- erhalten, bekommen
- Eisenbahnräder rollen drüber
- der zweite Wochentag
- es ist nicht ganz sicher
- nicht gerade, sondern …
- Insekt, das Honig liefert
- jemanden sehr gern haben

Wenn du richtig geraten hast, erhältst du in dem fett gedruckten Rahmen ein weiteres Wort mit **ie.**

4. a) Schreibe immer den Infinitiv (die Grundform) der Verben dazu!

gebogen	gefroren	geflogen	geschoben
biegen	______	______	______

b) Bilde das Präteritum (die Vergangenheit)!

sie läuft	er ruft	es fällt	es hält	er schläft
sie lief	______	______	______	______

Wörter mit ä und äu üben

1. Schreibe die Wörter im Singular (Einzahl) und im Plural (Mehrzahl) auf!

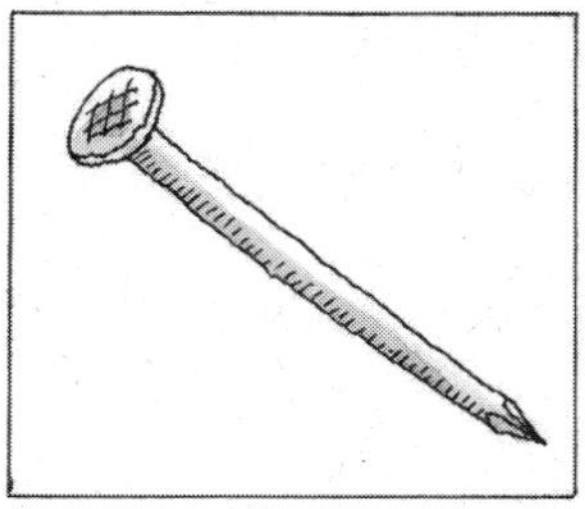

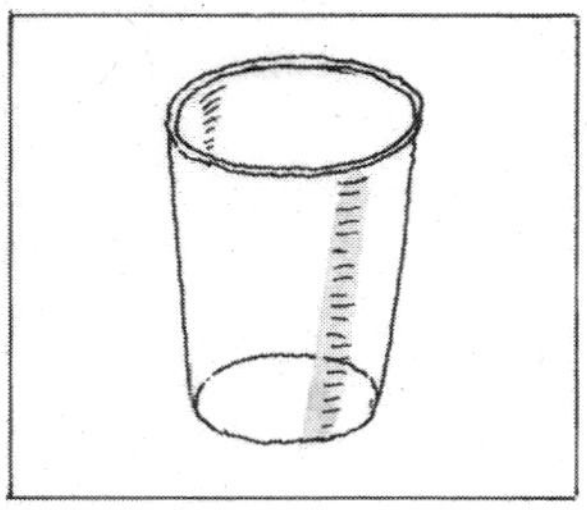

der Nagel ____ ____ ____

die Nägel ____ ____ ____

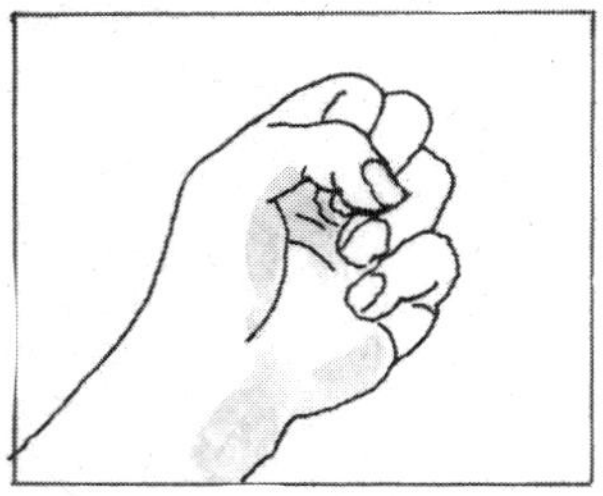

____ ____ ____ ____

____ ____ ____ ____

2. Suche verwandte **a**-Wörter!

[ängst] lich →	*die Angst*	ver [änder] n →	*anders*
[jähr] lich →	*das*	ver [läng] ern →	
[mächt] ig →	*die*	er [gänz] en →	
[täg] lich →	*der*	er [klär] en →	
[nächt] lich →	*die*	er [kält] en →	

3. Rätsel kommt von *raten*

Jäger von ____

Händler von ____

Stängel von ____

gefährlich von ____

Kälte von ____

läuten kommt von *laut*

säuerlich von ____

säubern von ____

Fäulnis von ____

verbläuen von ____

Räuber von ____

4. a) Ergänze **ä, äu!**

Alle Mäuse …

Alle M____se müssen manchmal ganz rasch ein bisschen laufen. Darum bekommen M____se, die in einem K____fig wohnen, ein kleines Rad. Sie laufen immer an derselben Stelle in dem Mäuselaufrad und tr____men, dass sie über weite Felder laufen, zwischen den gelben Halmen, an denen unz____hlige mehlige Körner h____ngen. Oder sie tr____men, dass sie im Wald über weichen Moosboden laufen, zwischen Bucheckern und Haselnüssen. Oder sie tr____men von vielen kleinen Treppchen, die zu Speisekammern führen, die voll Speck und K____se sind. Manchmal tr____men die M____se auch von der Katze, die ihnen nachspringt, oder von der Eule, die ihnen im Baum auflauert. Am h____figsten aber tr____men sie, dass sie eben M____se sind und darum gern laufen – auf rosa Mausepfoten, mauseleise …

b) Schreibe die Lückenwörter hier vollständig auf – jedes nur einmal!
Schreibe dazu, von welchem Wort abgeleitet wurde!

Mäuse – Maus, ____________________

____

____

c) Achtung! Zwei **ä**-Wörter kannst du nicht von **a**-Wörtern ableiten. Welche sind es?

Es sind *Käfig* ________ und ____________ .

d) Es gibt noch weitere Ausnahmen. Ordne die Buchstaben und schreibe das **äu**-Wort auf!

e	ä	**S**	u	l

u	d	i	**r**	g	ä

u	s	p	e	**r**	r	n	ä

____________ ____________ ____________

e) Schreibe die unterstrichenen Nomen aus dem Text ab und bilde die Verkleinerungsform!

Rad – Rädchen ____________________

____

____

Silbentrennung

1. Trenne folgende Wörter nach Sprechsilben – wenn es möglich ist!

Fenster	*Fens – ter*	laufen	______
Blumenfenster	______	Dauerlauf	______
heilbar	______	hastig	______
Heilung	______	Hast	______
umrunden	______	hüpfen	______
rund	______	Grashüpfer	______
Gesprächsrunde	______	Ofen	______

Merke dir:

Stehen **ck, ch, sch** und **ph, th** für **einen** Konsonanten, trennt man sie nicht.

2. Übe mit folgenden Wörtern!

bockig	*bo – ckig*	Goethe	______
lachen	______	Stephan	______
waschen	______	sicher	______
Bäcker	______	Masche	______

3. Schreibe jede Silbe in ein Kästchen, dann erhältst du ein Lösungswort!

Schmetterball

Ziegenpeter

Frühlingsfest

Babypuppe

Raupe

Lösungswort: ______

Nomen großschreiben

1. In diesem Gitter sind 14 Nomen versteckt. Suche sie heraus!

a	u	s	f	l	u	g	p	a	k	e	t
i	n	p	s	l	o	s	l	k	i	i	f
g	g	a	s	t	n	n	a	m	s	n	l
n	p	ß	q	p	w	a	n	d	t	g	a
v	o	r	t	e	i	l	m	g	e	r	s
g	e	s	p	r	ä	c	h	r	k	u	c
k	v	o	r	s	c	h	l	a	g	ß	h
e	k	m	t	t	h	c	p	s	e	n	e

2. Schreibe die Nomen aus dem Kreuzgitter auf und setze sie anschließend in den Plural!

der Ausflug – die Ausflüge __________

3. Nomen oder nicht?

ORT	UMGEZOGEN	KENNST	SICHER	WUNSCH	FREUND
NETT	FREUDE	BRIEF	RIESIG	LIGA	BALD
ERHIELT	AUFGABE	GEH	RAD	BESONDERS	VIELE
BUCH	HOBBY	SCHON	HIER	FRAGE	WORT

Suche die Nomen heraus!

der Brief	*der*	*die*	*das*
der	*die*	*die*	*das*
die	*der*	*das*	*das*

Es war einmal …

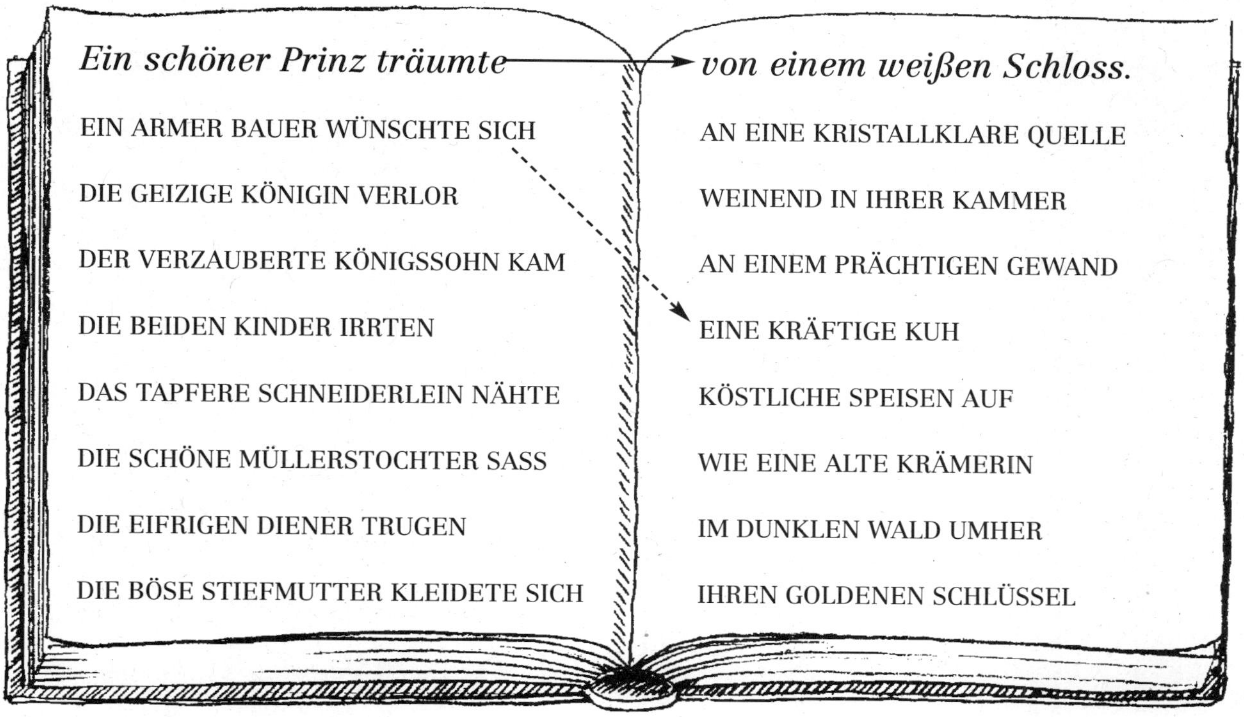

Zwischen den Artikeln und den Nomen stehen oft noch andere Wörter:

ein	*schöner*	*Prinz*
Artikel	Adjektiv	Nomen

4. Füge Passendes zu einem Satz zusammen. Schreibe diese Sätze in richtiger Groß- und Kleinschreibung auf. Achte auf die Großschreibung der Nomen und der Satzanfänge!

Ein schöner Prinz träumte von einem weißen Schloss.

Adjektive kleinschreiben

1. **GARFIELD**
AN EINEM KALTEN OKTOBERTAG VOR EINEM JAHR FRAGTE MICH DIE ALTE BÄUERIN AUS DEM NACHBARHAUS, OB ICH NICHT EINE KLEINE KATZE HABEN WOLLTE. VOR EINER WOCHE WAR IHR NÄMLICH EIN WINZIGER JUNGKATER ZUGELAUFEN. EIN HAUSTIER HATTE ICH MIR SCHON IMMER GEWÜNSCHT. IN EINEM KARTON MIT EINER WEICHEN DECKE HOLTE ICH DAS EINSAME TIER AB. WIR NANNTEN ES GARFIELD. HEUTE IST GARFIELD EIN PRÄCHTIGER KATER, VOR DEM KEINE MAUS SICHER IST.

a) In dem Text sind acht Adjektive (Eigenschaftswörter) versteckt.
Suche sie und schreibe sie in die Tabelle!

b) Schreibe die Geschichte ab und achte dabei auf die Groß- und Kleinschreibung!
(Nomen und Satzanfänge großschreiben!)
Unterstreiche die Adjektive farbig!

c) Vor sieben Adjektiven in der Garfield-Geschichte steht ein Artikel und ein Nomen folgt.
Trage sie in die Liste ein!

Artikel	Adjektiv	Nomen
ein	*kalter*	*Oktobertag*

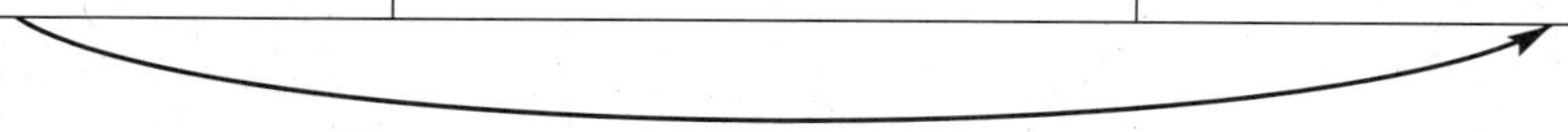

Du siehst an dem Pfeil, dass der Artikel zum Nomen gehört, deshalb wird nur das Nomen großgeschrieben und das Adjektiv klein.

2. In den Kästen findest du Artikel, Adjektive und Nomen. Schreibe fünf Sätze auf, in denen mindestens ein Wort von jeder der drei Wortarten vorkommt!

Artikel:	**Adjektive:**	**Nomen:**
der, die, das, ein, eine	schön, hässlich, schlau, einfältig, böse, fleißig, faul, wild, zahm	Zwerg, Riese, Hexe, Bär, Zauberer, Königstochter, Däumling, Frosch, Prinz

Fremdwörter schreiben

Fremdwörter mit einfachem **k**

1. a) Verbinde passende Teile!

Kon	tisch	di	tisch
prak	fekt	Ob	rekt
per	tor	hek	jekt
Dok	fekt	Ak	tion

Fremdwörter

Nach einem kurzen, betonten Vokal steht ein einfaches **k.**

b) Sortiere die Wörter aus Aufgabe a) nach dem Alphabet!

Aktion, ______________________

____

c) Schreibe die Bedeutung der Wörter daneben! Sieh im Wörterbuch nach, wenn du unsicher bist!

Konfekt – Süßigkeit, gefülltes Schokoladenstück, Pralinen

____

____

____

____

____

____

____

2. Löse das Rätsel:

Vertrag, Übereinkommen						P			T
genau, sorgfältig, pünktlich						X			T
Kerbtier, Sammelbezeichnung für Fliegen, Libellen usw.				I					T
Vorhaben, Unternehmung							E		T
Auseinandersetzung, Streit					F	L			T
Fachmann, der Bauwerke entwirft	A								T

Fremdwörter auf **-ieren**

3. Bilde Verben (Zeitwörter) zu folgenden Nomen (Hauptwörtern)!

die Reparatur – ____________	die Probe – ____________
die Frisur – ____________	das Interesse – ____________
die Rasur – ____________	der Marsch – ____________
das Training – ____________	die Organisation – ____________
die Diskussion – ____________	die Gratulation – ____________
der Respekt – ____________	die Musik – ____________
die Regierung – ____________	der Export – ____________
die Information – ____________	die Komposition – ____________

4. Setze die passenden Verben ein!

Ich ____________ mein Fahrrad.

Sie ____________ für die Bundesjugendspiele.

Martin ____________ sich über das Leben der Insekten.

Die 5 a ____________ ihr Klassenfest diesmal ohne fremde Hilfe.

Daniel und Julia ____________ ein neues Rezept aus.

Die Schülerinnen und Schüler ____________ darüber, was sie am Wandertag machen wollen.

Die Schülerband hat für das Schulfest ein neues Lied ____________.

5. Schreibe eigene Sätze, in denen du die Verben auf **-ieren** verwendest!

____

____

____

____

____

____

____

Zeichensetzung

Die Zeichen bei der wörtlichen Rede üben

In Bildergeschichten und Comics steht das, was einer sagt, in Sprechblasen. Du erkennst auch sofort an den Bildern, wer etwas sagt. Wenn du die Geschichte aufschreibst, musst du angeben, wer gerade redet, und kenntlich machen, was er oder sie sagt. Das Gespräch von oben könnte dann so aussehen:

Marco fragt: „Wie heißt ...?“

„Du meinst ...“, antwortet Tina.

Marco fragt weiter: „Was gesprochen ...?“

1. Schreibe das Gespräch ab! Vermeide Wiederholungen des Verbs „sagen“!
   Markiere den vorangestellten Begleitsatz mit Rot, den nachgestellten Begleitsatz mit Gelb!
   Die Übersicht auf Seite 79 kann dir bei der Zeichensetzung helfen.

2. Hier fehlen die Zeichen der wörtlichen Rede.
Ergänze die fehlenden Satzzeichen! Wenn du unsicher bist, sieh auf Seite 79 nach.

Der Wolf und das Lämmlein

Ein Wolf und ein Lämmlein kamen beide an einen Bach, um zu trinken. Der Wolf trank oben am Bach, das Lämmlein aber fern unten. Als der Wolf das Lämmlein sah, lief er zu ihm und schrie ____ Warum trübst du mir das Wasser, dass ich nicht trinken kann? ____ Das Lämmlein antwortete ____ Wie kann ich dir das Wasser trüben? Es fließt doch erst zu dir und dann zu mir. ____ Da rief der Wolf ____ Sei ja still, du! Du weißt wohl nicht mehr, dass du mich vor einem halben Jahr entsetzlich beschimpft und beleidigt hast. ____ Unmöglich, ganz unmöglich, vor einem halben Jahr war ich noch gar nicht geboren ____ sagte das Lämmchen aufgeregt. ____ Werde ja nicht frech! Wenn du's nicht warst, dann war's eben dein Vater. Du hast mir aber meine Wiesen und Äcker abgenagt und verdorben ____ tobte da der Wolf. Das Lämmlein antwortete ____ Wie soll das möglich sein, ich habe doch noch keine Zähne. ____ Wenn du auch noch so viele Ausreden hast, so will ich dich heute noch fressen ____ entgegnete der Wolf, stürzte sich auf das schwache Tier und zerriss es.

Kommasetzung bei Aufzählungen üben

1. Thomas wird zum Einkaufen geschickt. Unterwegs trifft er Kevin.
   Ergänze, was Thomas und Kevin sagen!
   Beachte die Zeichensetzung!

Bäckerei
1 Vollkornbrot
3 Roggenbrötchen
2 Rosinenbrötchen
1 Hefezopf

Gemüsestand
1 Gurke
500 g Tomaten
2 Paprikaschoten

Metzger
250 g Gehacktes
10 Wiener
100 g Leberwurst

Kaufmann Henning
1 kg Mehl
1 Stück Hefe
5 Erdbeerjoghurt
1 l Milch

Kevin: „Kommst du mit zum Sportplatz?"

Thomas: „Geht nicht, ich muss noch zur ______________________

____."

Kevin: „Wenn ich dir was abnehme, geht 's schneller. Was sollst du denn in der Bäckerei besorgen?"

Thomas: „____

____

____."

Kevin: „Mann, ist das viel! Sollst du beim Metzger auch so viel kaufen?"

Thomas: „Von da soll ich ______________________________

____

______________________________________ mitbringen."

Kevin: „Gut, dann gehe ich zum Metzger und du gehst __________

____

____.

Wir treffen uns dann bei dir vor der Haustür."

2. Schreibe über dich!
   Setze jeweils mindestens drei Wörter ein! Vergiss die Kommas nicht!

Meine Hobbys sind ______________________________________.

Am liebsten esse ich ____________________________________.

Meine Freunde/Freundinnen heißen ________________________.

Meine Ferientraumziele sind ______________________________.

Zeichensetzung in der Satzreihe üben: Komma zwischen Hauptsätzen

1. Die folgenden Beispiele enthalten jeweils Hauptsätze, die inhaltlich eng zusammengehören.
   Setze in den Satzreihen die fehlenden Kommas.

   Wann fährst du in den Urlaub wer fährt mit und wie lange bleibst du fort?
   Es regnete der Wind pfiff um das Haus die Äste bogen sich und auf einmal fiel auch noch das Straßenlicht aus.
   Komm zu mir setz dich hin und erzähl mir alles!
   Sie zieht ihre Schuhe an er setzt die Mütze auf und beide verlassen das Haus.

Satzreihen

Hauptsätze bilden Satzreihen. Zwischen Hauptsätzen, die nicht mit **und** oder **oder** verbunden werden, steht ein Komma.

2. Bilde mit den Hauptsätzen eine Satzreihe! Vergiss dabei die Kommas und die Konjunktionen (Bindewörter: und, aber) nicht!

   Ich lese gern. Ich schreibe auch Gedichte. Ich trage sie gern vor.
   Ich spiele gerne Schach. Ich spiele gerne Monopoly. Ich fotografiere gerne.
   Der Gong ertönt. Alle Schüler springen auf. Sie laufen in den Pausenhof.
   Er verfolgte den Taschendieb. Er stürzte. Er hatte keinen Erfolg.
   Franz besuchte seinen Onkel. Er ging mit ihm in den Zoo. Am Abend fuhr er wieder heim.

   Ich lese gern, aber ich schreibe auch Gedichte und ich trage sie gern vor.

3. Verknüpfe beide Hauptsätze miteinander! Wähle dazu entweder eine passende Konjunktion (und, oder, aber, denn) oder setze ein Komma!

   Das Fußballspiel fällt aus. Es regnet schon den ganzen Tag.
   Die Ferien beginnen morgen. Wir haben unsere Koffer schon gepackt.
   Heute gehe ich ins Schwimmbad. Ich lese ein Buch.
   Der Badesee ist weit entfernt. Mit dem Fahrrad benötige ich nur 15 Minuten.

   Das Fußballspiel fällt aus, denn

Zeichensetzung im Satzgefüge üben: Komma zwischen Haupt- und Nebensatz

1. Im folgenden Kasten steht ein Satzgefüge **(Haupt- und Nebensatz).**
   Unterstreiche den Hauptsatz rot und den Nebensatz andersfarbig.

> Weil es regnet, muss die Radtour leider ausfallen.

Im **Satzgefüge** steht zwischen Hauptsatz und Nebensatz immer ein Komma.

2. Wodurch werden beide Sätze voneinander getrennt? ____________________

   Womit wird der Nebensatz eingeleitet? ____________________

   Versuche die beiden Sätze umzustellen!

   Die Radtour ____________________

3. Bilde aus folgenden Hauptsätzen Satzgefüge!
   Benutze dazu passende Konjunktionen! Setze das Komma!
   Unterstreiche den Nebensatz!

Konjunktionen (Bindewörter) im Satzgefüge: bevor, nachdem, während, obwohl, da, weil

Das Fußballspiel beginnt. Die Spieler wärmen sich auf.
Unser Torjäger hat sich im letzten Spiel verletzt. Er kann nicht mitspielen.
Viele stehen noch an der Kasse. Der Schiedsrichter pfeift das Spiel an.
Der Torwart der gegnerischen Mannschaft hat viel zu tun. Sein Gegenüber steht gelangweilt im Strafraum.
Die einheimische Mannschaft ist im Ballbesitz. Das Publikum applaudiert.
Der Libero ist zu weit vorgerückt. Der Mittelstürmer taucht plötzlich allein vor dem Torwart auf.
Er konnte den Ball aber nicht ins Tor schießen. Der Schiedsrichter pfiff Abseits.

Bevor das Fußballspiel beginnt, ____________________

Sprachbetrachtung

Wörter untersuchen: Nomen

Nomen und ihre Artikel

Der **Artikel** (das Geschlechtswort) begleitet das Nomen: **der, die, das, ein, eine**

Niemand ist perfekt

Katja repariert eine ____________________. Mit einem Schraubenzieher und einem ____________________ nimmt sie die ____________________ auseinander und baut sie wieder zusammen. Die ____________________ des Kuckucks hatte geklemmt. Katja hängt die ____________________ wieder an den ____________________ und wartet darauf, dass es elf ____________________ wird. Doch die ____________________, aus der der Kuckuck kommen soll, öffnet sich nicht. Um zwölf ____________________ passiert noch immer nichts. Aber kurz darauf öffnet sich langsam die ____________________. Der Kuckuck kommt zögernd heraus und sagt: „Kuckuck, Katja! Kannst du mir verraten, wie spät es ist?“

1. Lies den Text durch! Ergänze die Lücken! Die Bilder helfen dir dabei.

2. In die Lücken hast du Nomen geschrieben. Schreibe alle Nomen, die im Text vorkommen, mit dem unbestimmten und mit dem bestimmten Artikel auf! Ordne nach Geschlecht!

der unbestimmte Artikel (ein, eine) *ein Haken,* ____________________

____

____

der bestimmte Artikel (der, die, das) *der Haken,* ____________________

____

____

Nomen im Singular und im Plural

3. a) Setze vor jedes Nomen den bestimmten Artikel!

________ Masern	________ Kosten	________ Möbel
________ Kupfer	________ Gepäck	________ Wolle
________ Schnee	________ Butter	________ Eltern
________ Geschwister	________ Leute	________ Milch

Die meisten Nomen bilden Singular (Einzahl) **und** Plural (Mehrzahl). Einige jedoch stehen **entweder** im Singular **oder** im Plural.

b) Ordne die Nomen aus Aufgabe 3 a der Singular- oder der Pluralspalte zu!

nur im Singular (Einzahl)	nur im Plural (Mehrzahl)
das Kupfer	*die Masern*

c) Setze die bestimmten Artikel ein und bilde den Plural!
Schlage in Zweifelsfällen im Wörterbuch nach!

Singular	Plural
der Atlas	
Kaktus	
Lexikon	
Zeit	
Gras	
Streit	
Leiter	
Aquarium	

Wörter untersuchen: Adjektive

langweilig	lustig	modisch	reichlich	heiß	salzig	stumpfsinnig
alt	hübsch	kalt	gut	elegant	einfallslos	interessant

1. a) Welche Eigenschaften passen zu diesen Begriffen? Ordne sie zu!

Unterricht	Kleidung	Mahlzeit
		kalt

b) Suche Adjektive, die diese Dinge und Personen genauer beschreiben! Schreibe sie auf!

Fußballspiel	Wetter	Freund/Freundin	Fernsehsendung
fair			

2. Füge an die Adjektive die richtigen Nachsilben an: **-ig, -isch, -lich!**
Wenn du unsicher bist, mache die Steigerungsprobe: regnerisch – regnerischer!

Wetten, dass …?

Es war regner________ und wind________. Die salz________e Luft schlug Kommissar Niedlich in das rund________e Gesicht. Er hatte es eil________, denn er musste ein schaur________es Verbrechen aufklären. Jemand hatte beobachtet, wie zwei kräft________e Matrosen eine Leiche über Bord geworfen hatten.

Als Kommissar Niedlich den Fischkutter betrat, war er nur scheinbar ruh________, denn in Wirklichkeit bebte er vor Aufregung. Der mut________e Niedlich stellte sich einem tropfnassen Mann entgegen und sagte: „Kommissar Niedlich! Hier wurde eine Leiche über Bord geworfen. Ist das richt________?“ „Ja, ich bin die Leiche. Recht lebend________, wie?“, sagte dieser freund________e Mann und grinste. Dann drehte er sich um und rief in die Kajüte: „Hey, Jungs. Ich habe die laus________e Wette gewonnen! Ist das nicht lust________? Die Polizei ist doch gekommen!“ „Hoffentlich finden Sie die fäll________e Strafe für Ihr kind________es Verhalten auch noch so lust________“, entgegnete der Kommissar grimm________.

3. a) Welches Wort passt nicht zu den anderen? Streiche es durch!

rund – oval – viereckig – blau – quadratisch –

____

schnell – flink – wendig – neu – langsam – träge –

____

bleiern – bunt – schwer – gewaltig – wuchtig –

____

warm – lau – mild – mollig – behaglich – heiß – schwül – stumpf –

____

b) Verlängere die Reihen mit passenden Adjektiven!

4. a) Setze passende Adjektive in die Lücken!

gelb	durstig	groß	befahren	dick	süß	schön
zottig	heiß	frisch	hungrig	knusprig	bunt	reißend

Der ______________ Mann überquert mit seinem ______________ Hund die ______________ Straße.

In unserem ______________ Garten blühen in jedem ______________ Sommer ______________ Blumen.

Ein ______________ Wolf und ein ______________ Lamm treffen sich an einem ______________ Bach.

Wir essen gerne ______________ Kuchen, ______________ Pommes frites, ______________ Hähnchen, ______________ Weingummi und trinken dazu am liebsten ______________ Limo.

b) Damit die Adjektive in die Sätze passen, hast du Endungen angefügt.
Markiere sie mit einem Farbstift!

Wörter untersuchen: Verben

Tempora (Zeitformen des Verbs)

Präsens Du liest gern Märchen.

Perfekt Ich bin gerannt, doch ich habe den Bus verpasst.

Präteritum In Ungarn lebte einst ein König.

Präsens und **Präteritum** bestehen aus der **Personalform** des Verbs.

Das **Perfekt** besteht aus der Personalform der Hilfsverben **haben** oder **sein** und dem Partizip Perfekt des Hauptverbs.

1. a) Schreibe die folgenden Sätze im Perfekt auf!

Wir stehen an der Bushaltestelle. *Wir haben an der Bushaltestelle gestanden.*

Der Artikel steht in der Zeitung. ______

Marion schwimmt am schnellsten. ______

Es gibt wieder Maikäfer. ______

Das Kleid gefällt mir nicht. ______

Bei Sturm fallen diese Ziegel vom Dach. ______

Meine Mutter fährt uns dorthin. ______

Wir fahren diesen Sommer an die Nordsee. ______

b) Unterstreiche wie im Beispiel das Präsens und das Perfekt in den Sätzen!

2.

Liebe Katja!

Gestern ____________ ich deine Karte aus Berlin ________________.

Ich ____________ mich wirklich sehr ______________, dass du auch in

den Ferien an mich ____________ _________. Auf Norderney ________

es sehr schön ___________________. Ich _________________ dir auch

etwas _________________. Geheimnis!!!!! Viele Grüße deine Leila

Fülle die Lücken mit den folgenden Verben aus!
Verwende für das Perfekt die Hilfsverben
haben und **sein!**

bekommen | sein | freuen | mitbringen | denken

3. Unterstreiche das Verb und kreuze an, welches Tempus verwendet wurde!

Ich fahre mit dem Rad zur Schule.
Claudia hat das Buch wohl vergessen.
Kinder wachsen schnell.
Sascha ist nach Hause gegangen.
Der Fahrer berichtete genau von dem Unfall.

Präsens	Perfekt	Präteritum
X		

4. Was war wann?

- Die Familie fährt am Wochenende ins Grüne. Nach langer Fahrt hält der Vater an. Er ruft begeistert: „Hier ist ein idealer Platz fürs Picknick.“ „Stimmt“, meint die Tochter trocken, „fünf Millionen Mücken irren sich nicht.“
- Ich habe gestern einen spannenden Film gesehen. Deshalb bin ich erst spät ins Bett gegangen. Vor Aufregung habe ich noch lange wach gelegen. Erst spät bin ich dann eingeschlafen.
- Auf einer Düne am Meer saß ein Maler und malte den Sonnenuntergang. Ein Ehepaar sah ihm zu. Nach einer Weile flüsterte er ihr zu: „So muss man sich plagen, wenn man keinen Fotoapparat besitzt.“

Unterstreiche die Verben und ordne die Tempora wie in den Beispielen!

Präsens: *die Familie fährt, der Vater …* ____________________

____

Perfekt: *ich habe gesehen,* ____________________

____

Präteritum: *ein Maler saß,* ____________________

____

Wörter untersuchen: Pronomen

Das Possessivpronomen

Possessivpronomen
(besitzanzeigende Fürwörter)

sagen, was zu wem gehört:

mein, dein, sein, unser, euer, ihr

Der Urlaubsbeginn

1. Kurz vor der Abreise haben Anna und Florian ihre Sachen noch nicht vollständig eingepackt.
   Lies, was jeder von ihnen sucht! Ergänze in den Lücken die Possessivpronomen!

Anna sucht ___ ihr ___ Buch und __________ Schuhe. Florian vermisst __________ Tennisschläger und __________ Zahnbürste. Die Kinder haben auch __________ Jacken und __________ Zelt noch nicht eingepackt. Anna fragt den Vater: „Hast du __________ Buch und __________ Schuhe gesehen? Und weißt du vielleicht, wo __________ Zelt ist? __________ Jacken fehlen auch.“ Vater antwortet: __________ Buch und __________ Schuhe habe ich nicht gesehen. __________ Zelt liegt in der Garage. Florian hat __________ Jacke über die Heizung gehängt und __________ Jacke ist im Wohnzimmer.“ Da kommt Mutter hinzu: „Ihr und __________ Ordnung! Ich habe __________ Koffer schon gestern Abend gepackt. Wenn ihr __________ Sachen nicht bald findet, fallen __________ Ferien am Ende ins Wasser!“

Das Personalpronomen

Personalpronomen
(persönliche Fürwörter)

stehen für ein Nomen oder eine Person:

ich, du, er / sie / es, wir, ihr sie.

2. Setze die Personalpronomen (persönliche Fürwörter) ein, die für die fett gedruckten Nomen und Namen stehen.

A *Am liebsten mag ich* ***Fische****.* *Sie* *haben so bunte, glänzende Schuppen.*

B ***Jans Zwergkaninchen*** *hat graue Barthaare.* ______ *ist schon recht alt.*

C ***Jonas*** *ist ein sprechender Papagei.* ______ *kann sogar „Pappplakat“ sagen.*

D ***Mein Hund und ich*** *mögen uns sehr.* ______ *spielen oft miteinander.*

E *Neulich fragte ich* ***meine Freundin Nina****: „Hast* ______ *schon mal* ***ein Streifenhörnchen*** *gesehen?“* ***Sie*** *sagte: „Nein, aber* ______ *wüsste gern, wie* ______ *aussieht.“*

F *Wenn* ***unser Hund Toby und ich*** *nach dem Waldlauf ins Haus kommen, sagt meine Mutter immer: „Passt auf, dass* ______ *nicht alles dreckig macht.“*

G *Katze Minka ist ein zutrauliches Tier. Jeden Abend sitzt* ______ *auf unseren Knien.*

3. Unterstreiche im folgenden Text die Personalpronomen blau und die Possessivpronomen grün.

Eigentlich ist Tom der Kater unserer Nachbarn. Fast jeden Tag aber kommt er herüber, um in meinem alten Sessel seinen Mittagsschlaf zu halten. Die Nachbarn vermissen ihren Kater nicht sehr, denn sie sind häufig nicht zu Hause. Meine Mutter findet Toms Besuche sehr nett, weil er in unserem Keller nach Mäusen jagt. Wir verwöhnen den Kater mit seinem Lieblingskatzenfutter. Nur meine Schildkröte mag Tom nicht, seit er einmal in ihren Schwanz gebissen hat. Nun zieht sie sich immer in ihr Haus zurück, sobald er in ihre Nähe kommt.

Das Demonstrativpronomen

4. a) Verbinde die Sätze, die zusammengehören, mit Pfeilen.

Wie gefällt dir mein neues Fahrrad?	Ich möchte bitte diesen Kuchen, jenen mag ich nicht.
Diese Rollschuhe wünsche ich mir.	Das gefällt mir sehr gut.
Kennst du die Mädchen dort?	Solche habe ich gerade zum Geburtstag bekommen.
Was möchtest du denn essen?	Das würde ich gerne anziehen.
Ich habe doch noch das rote Kleid.	Nein, die kenne ich leider nicht.

b) Unterstreiche die Demonstrativpronomen farbig.

Demonstrativpronomen
(hinweisende Fürwörter)

weisen auf ein Nomen, eine Person hin:

der, die, das,
diese, jener, solches

Das Relativpronomen

5. Erkenne die Relativpronomen und unterstreiche sie und ihr Bezugswort farbig!

An einem heißen Sommertag wollten meine Freunde Andreas, Moritz und Susi, die in derselben Straße wie ich wohnen, mit mir ins Schwimmbad fahren. Eilig packten wir unsere Badesachen, die eigentlich immer griffbereit im Schrank lagen. Derjenige, der zuerst an der Bushaltestelle war, bekam nämlich von den anderen ein Eis spendiert. Schnell noch Getränke eingepackt und schon ging es los. Tatsächlich war ich als Erste an der Bushaltestelle, die nur fünf Minuten von meiner Wohnung entfernt liegt. Ich freute mich auf das Eis, das ich so gewonnen hatte. Wir fuhren mit dem Bus Nummer 7, welcher direkt vor dem Schwimmbad hielt, und gingen gleich zum Umziehen. Aber das durfte doch nicht wahr sein! Zum Glück sah nur ich mein Gesicht, das immer länger wurde. Wo war nur dieser dumme Badeanzug? Ihr hättet die anderen sehen sollen, die sich halb tot lachten. Na ja, wer den Schaden hat, der …

Relativpronomen
(bezügliche Fürwörter)

beziehen sich auf ein Nomen / eine genannte Person im übergeordneten Satz.

der, die, das,
dessen, deren, welcher

Satzglieder unterscheiden lernen

1. a) Bilde möglichst viele Sätze! Wähle dafür verschiedene Satzanfänge! Beachte die Großschreibung am Satzanfang! Auch Fragesätze sind erlaubt!

Bank Saschas unter lag Comic der

Saschas Comic ...

Unter der Bank ...

Lag ...

Thermosflasche rollte herum Boden dem auf mit die Kaffee

Eimer mühsam dem auf die gesammelten gerollt das aus Heidelbeeren waren Polster

b) Umrahme die Satzglieder in den Sätzen aus Aufgabe 1 a auf S. 69 mit einem Farbstift!

c) Ändert sich die Bedeutung beim Umstellen?

> Die Wörter im Satz, die bei der **Umstellprobe** immer zusammenbleiben, bilden ein **Satzglied.**

2. a) Ermittle in den folgenden Sätzen durch jeweils eine Umstellprobe die Satzglieder! Umrahme sie!

Wenn zwei sich streiten, freut sich der Dritte!

[Petra] [kaufte] [an einem heißen Tag] [in der Eisdiele] [eine große Portion Eis.]

Zu Hause lief ihr Bruder Max wütend vor Neid in die Küche.

Wütend vor Neid ______________________________

Dort stand der Eisbecher schön dekoriert auf dem Tisch.

____

Die Geschwister stritten sich lautstark.

____

Die Katze Minka schleckte in der Zwischenzeit genüsslich das zerfließende Eis.

____

____

b) Streiche alle Satzglieder weg, die für einen korrekten Satz nicht notwendig sind! Schreibe die Kurzsätze auf!

> Die **Weglassprobe** hilft dir festzustellen, welche Satzglieder für einen vollständigen Satz unbedingt notwendig sind. Oft sind es nur Subjekt und Prädikat, manchmal noch Ergänzungen, zum Beispiel Objekte.

Petra kaufte eine große Portion Eis. ______________________________

____

____

____

____

Das Prädikat erkennen

Das Prädikat

sagt aus, was geschieht oder was jemand tut. Es kann aus einem Verb bestehen (Es **regnet.**) oder mehrteilig sein (Es **hat** gestern **geregnet.**). Die **gebeugte Verbform** steht im Aussagesatz immer **an zweiter Satzgliedstelle.**

1. Heute Morgen | geht | Kai | ziemlich langsam | zur Schule.

Zur Schule | *geht*

a) Stelle die Satzglieder dieses Satzes so oft wie möglich um! Schreibe keine Fragesätze! Umrahme die Satzglieder!

b) Vergleiche deine Sätze! Ändert sich die Aussage? Umrahme das Satzglied, das seinen Platz nie verändert hat, ~~blau~~ *rot*!

2. Stelle die folgenden Sätze um! Kennzeichne wieder das Satzglied, das seinen Platz **nicht** verändert!

Ihre Katze | füttert | Frau Kluge jeden Tag.

Jeden Tag | *füttert*

Gestern fuhren wir mit dem Fahrrad zum Park.

Peter schlief heute Nacht tief und fest.

3. Umrahme in den folgenden Sätzen das Prädikat! Stelle die Sätze wieder um!

Petra leiht ihrer Freundin eine Patrone.

Marco vergaß wieder einmal seinen Zeichenblock.

Zum Geburtstag bekommt Anna ein neues Fahrrad.

4. Forme die Sätze der Aufgaben 2 und 3 zu Fragesätzen um! Umrahme wieder das Prädikat!

Füttert Frau Kluge

In **Fragesätzen** steht die **gebeugte Verbform am Anfang** des Satzes oder **nach** dem **Fragewort.**

5. Bilde eigene Frage- und Aussagesätze! Unterstreiche das Prädikat!

Das Subjekt erkennen

1. Hier fehlen die Subjekte. Welches gehört in welche Lücke? Ergänze die Sätze und beachte die Großschreibung am Satzanfang!

sie	der Wärter	viele Bananen
ein Affe	er	die anderen Affen

Im Affenhaus

Endlich betritt ____________ den Affenkäfig. ____________ sind in seinem Futtereimer. Sofort schnappt sich ____________ eine Banane. ____________ klettert eilig damit auf den höchsten Baum. ____________ verfolgen ihn, um ihm die Banane abzujagen. Doch schnell kehren ____________ zum Wärter zurück und holen sich dort ihr Futter.

Das Satzglied, mit dem du auf eine WER-oder-WAS?-Frage antworten kannst, heißt **Subjekt.**

2. a) Frage: WER oder WAS betritt den Affenkäfig?

   Antwort: ____________________

   b) Frage so auch nach den anderen Subjekten und antworte mit dem Subjekt! Schreibe die Antworten auf und umrahme das Subjekt farbig.

   Viele Bananen ____________________

Das Akkusativobjekt (Objekt im 4. Fall) erkennen

1. a) Frage nach den fehlenden Satzgliedern mit *„**Wen** oder **was?**“!*

		Akkusativobjekt
Der Wärter brüllte … wütend an.	**Wen** oder was … ?	den Elefanten
Aber Dorgo hörte nicht auf … .	**Wen** oder was … ?	
Da nahm der Wärter voller Wut …	Wen oder **was** … ?	
und stach … .	**Wen** oder was … ?	
Der Elefant steckte sich … ungerührt	Wen oder **was** … ?	
ins Maul, wartete ab und ließ … toben.	**Wen** oder was … ?	
Das war zu viel. Erschöpft lehnte sich der Tierwärter an das ungehorsame Tier. Doch das lief plötzlich los und ließ … in den Schmutz plumpsen.	**Wen** oder was … ?	

Das Satzglied, mit dem du auf eine WEN-oder-WAS?-Frage antworten kannst, heißt **Akkusativobjekt.**

b) Schreibe den Text ab und umrahme jeweils das Akkusativobjekt farbig!

als Diktat
bei ... im Fragezeichen hochheben

Das Dativobjekt (Objekt im 3. Fall) erkennen

1. **Tierfütterung im Zoo**
   Endlich ist es so weit. Alle Besucher haben den Zoo verlassen und die Tiere warten ungeduldig auf ihr Futter. Und da kommen schon die Wärter mit dem Futterwagen. ... bringen sie einige Zentner duftendes Heu. Im Gehege daneben schütten sie ... saftige Rüben und frisches Gras in den Futtertrog und auch ... bringen sie Heu. Im Affenhaus herrscht die größte Aufregung. Schnell geben die Wärter ... ein Bündel Bananen und ... Äpfel und Möhren. Also weiter zum Raubtierhaus. ... reichen sie das Fleisch mit langen Stangen durch das Käfiggitter. Nur ... dürfen sie nichts geben wegen des Fastentages, den jedes Raubtier einmal in der Woche hat. Geschafft!

Wem bringen die Wärter das Futter?

Löwe | Schimpanse | Elefant | Gorilla | Büffel | Tiger | Zebra

a) Setze in die Lücken die passenden Tiere ein und schreibe die vollständigen Sätze auf!

Dem Elefanten bringen sie ____________________

b) Unterstreiche die Dativobjekte farbig!

Das Satzglied, mit dem du auf eine WEM?-Frage antworten kannst, heißt **Dativobjekt.**

Satzarten unterscheiden lernen

Endlich Unterrichtsschluss! Man hört Stühlerücken, Taschengeklapper und …

Ich habe heute keine Zeit___

Wie oft habe ich gesagt, du sollst die Tür abschließen___

Kommst du endlich___

Schließe bitte die Tür___

Da steht der Papierkorb___

Gestern haben wir einen jungen Boxer gekauft___

Kannst du dir das nicht denken___

1. In den Sätzen fehlen die Satzschlusszeichen. Trage sie ein!

Aussagesätze schließen mit einem Punkt (.),
Fragesätze mit einem Fragezeichen (?)
und Aufforderungssätze mit einem Ausrufezeichen (!).

2. Trage in die folgenden Zeitungsanzeigen die Satzschlusszeichen ein!

Hohe Belohnung ausgesetzt___
Wer bringt mir meinen Dackel zurück___ Er wurde zuletzt
im Stadtpark gesehen und hört auf den Namen „Anton“___

Möchten Sie auch mehr Geld verdienen___
Mit uns ist das wirklich kein Problem___ Rufen Sie uns noch heute an___

Sie langweilen sich___
Betreuen Sie doch an drei Tagen in der Woche
zwei süße, wilde Kinder___ Sie werden staunen, wie interessant
Ihr Leben wird___ Ich bin jederzeit telefonisch erreichbar___

Die Satzreihe

Im Winter stehen die Rehe
an der Futterkrippe im Wald.
An kalten Wintertagen kommen die Vögel
zum Futterhaus an meinem Fenster.
Sie sind hungrig.

Ein **Hauptsatz**
ist ein **vollständiger Satz.**
Er kann allein stehen.

Konjunktionen, die Hauptsätze verknüpfen können, sind
und **aber** **denn**
oder **doch** **dennoch.**
Bei und/oder kannst du das Komma auch weglassen.

Verknüpfst du
eng zusammengehörende **Hauptsätze,**
entsteht eine **Satzreihe.**

Im Winter stehen die Rehe
an der Futterkrippe im Wald **(,) und**
die Vögel kommen an kalten Wintertagen
zum Futterhaus an meinem Fenster**, denn**
sie sind hungrig.

1. Bilde aus den Schlagzeilen Satzreihen!

Lottogewinn nicht abgeholt: Los verloren

Morgen Wetter sonnig – am Wochenende Regen

Gartenschau eröffnet – Blumenstrauß für ersten Besucher

______________________ *, denn* ______________________

______________________ *, aber* ______________________

______________________ *(,) und* ______________________

2. Verknüpfe die folgenden Sätze! Schreibe die Satzreihen in dein Heft!

Meine kleine Schwester Katja und ich gehen oft schwimmen. (denn)
Wir haben immer viel Spaß dabei.

Katja lernt gerade schwimmen. (und)
Sie schafft bereits zwanzig Züge.

Sie ist schon ganz stolz darauf. (aber)
Der Schwimmlehrer ist noch nicht zufrieden.

Sie könnte noch einige Züge mehr schaffen. (doch)
Sie zählt immer laut mit. (und)
Die Kraft reicht dann nicht aus.

Das Satzgefüge

> In einem **Satzgefüge** werden **Hauptsatz** und **Nebensatz** durch eine Konjunktion (ein Bindewort) miteinander verbunden.
> Das Komma steht zwischen den Teilsätzen, vor der Konjunktion.

1. Bilde nach dem Muster des ersten Satzes jeweils ein Satzgefüge!

   Als der Zug die Endstation erreicht hatte, wachte der Mann auf.

   Es dauerte einige Zeit. Er bemerkte sein Missgeschick.
   Er war eingeschlafen. Er hatte seine Station verpasst.
   Der Schaffner war nicht in seinem Abteil. Der Mann rief laut nach ihm.
   Der Schaffner hatte den Waggon erreicht. Der Mann schrie ihm entgegen.
   „Sie haben mich nicht geweckt. Ich hatte Sie darum gebeten.“
   Kleinlaut entschuldigte sich der Zugbegleiter.

   bis
   weil
   sodass
   sobald
   obwohl

   Es dauerte einige Zeit, bis er sein Missgeschick bemerkte.

2. Bilde mit folgenden Konjunktionen jeweils Satzgefüge! Unterstreiche den Nebensatz!

   Wenn es morgen nicht regnet, *findet der Wandertag statt.*

   Sobald

   , weil

   Obwohl

   Nachdem

Auf einen Blick

Zeichensetzung

Zeichensetzung bei der wörtlichen Rede

Begleitsatz steht vorn:

Max meinte: „Ich komme mit."
Max fragte: „Kommst du mit?"
Max rief: „Komm mit!"

Begleitsatz steht hinten:

„Ich bleibe hier", sagte Luise.
„Bleibst du hier?", erkundigte sich Luise.
„Bleib hier!", verlangte Luise.

Begleitsatz steht in der Mitte:

„Heute", sagte mein Bruder, „will ich noch ins Kino."
„Willst du auch", fragte mein Bruder, „ins Kino gehen?"
„Komm heute", bat mein Bruder, „mit ins Kino!"

Kommasetzung bei Aufzählungen

Ein Komma setzt man bei Aufzählungen, die nicht durch und/oder/sowie verbunden sind.

Tina, Jochen und Yvonne gehen zur Party.
Meine Schwester geht montags zum Schwimmen, dienstags zur Musikschule und am Freitag zum Reiten.

Kommasetzung in der Satzreihe

Die Hauptsätze werden durch Komma abgetrennt, bei der Verknüpfung mit und/oder muss man kein Komma setzen:

Sie schwimmt gern im See, aber er liest lieber ein Buch am Strand.

Kommasetzung im Satzgefüge

Haupt- und Nebensatz werden immer durch Komma getrennt.

Sie schwimmt im See, während er lieber ein Buch liest.

Übersicht lateinischer und deutscher Begriffe zur Sprachbetrachtung

lateinischer Begriff	deutscher Begriff
Adjektiv	Eigenschaftswort, Wiewort: *laut, heiß, rot …*
Akkusativ	4. Fall (Frage: Wen oder was?): *den Mond, die Sonne, das Meer …*
Akkusativobjekt	Satzglied: Ergänzung im 4. Fall: *Sie liebt **das Meer.***
Artikel	Geschlechtswort: *der, die, das; ein, eine, ein*
Dativ	3. Fall (Frage: Wem?): *dem Bruder, der Schwester, dem Pferd …*
Dativobjekt	Satzglied: Ergänzung im 3. Fall: *Sie gibt **der Schwester** einen Rat.*
Femininum	weibliches grammatisches Geschlecht: *die Uhr, die Sonne …*
Genitiv	2. Fall (Frage: Wessen?): *des Mondes, der Sonne, des Meeres …*
Infinitiv	Grundform des Verbs, z. B.: *singen, laufen …*
Konjunktion	Bindewort, z. B.: *weil, und, oder …*
Konsonant	Mitlaut
Maskulinum	männliches grammatisches Geschlecht: *der Park, der Vogel …*
Neutrum	sächliches grammatisches Geschlecht: *das Pferd, das Meer …*
Nomen	Substantiv, Hauptwort, Namenwort: *der Vogel, das Auto, die Wahrheit …*
Nominativ	1. Fall (Frage: Wer oder was?): *der Mond, die Sonne, das Meer …*
Objekt	Ergänzung
Perfekt	2. Vergangenheit (Zeitform des Verbs): *es hat geregnet*
Plural	Mehrzahl
Prädikat	Satzaussage: *Sie **gibt** der Schwester einen Rat.*
Präposition	Verhältniswort: *bei, vor, unter, neben …*
Präsens	Gegenwart (Zeitform des Verbs): *es regnet*
Präteritum	1. Vergangenheit (Zeitform des Verbs): *es regnete*
Pronomen	Fürwort
Personalpronomen:	*ich, du, er/sie/es, wir, ihr, sie*
Possessivpronomen:	*mein, dein, sein/ihr/sein, unser, euer, ihr*
Demonstrativpronomen:	*dieser, jene, solches*
Relativpronomen:	*der, die, das, dessen, deren, welcher*
Singular	Einzahl
Subjekt	Satzgegenstand, im 1. Fall (Frage: Wer oder was?): ***Sie** liebt das Meer.*
Tempus	(Plural: Tempora), Zeitform des Verbs
Verb	Zeitwort: *lachen, tanzen, wachsen …*
Vokal	Selbstlaut